I0754795

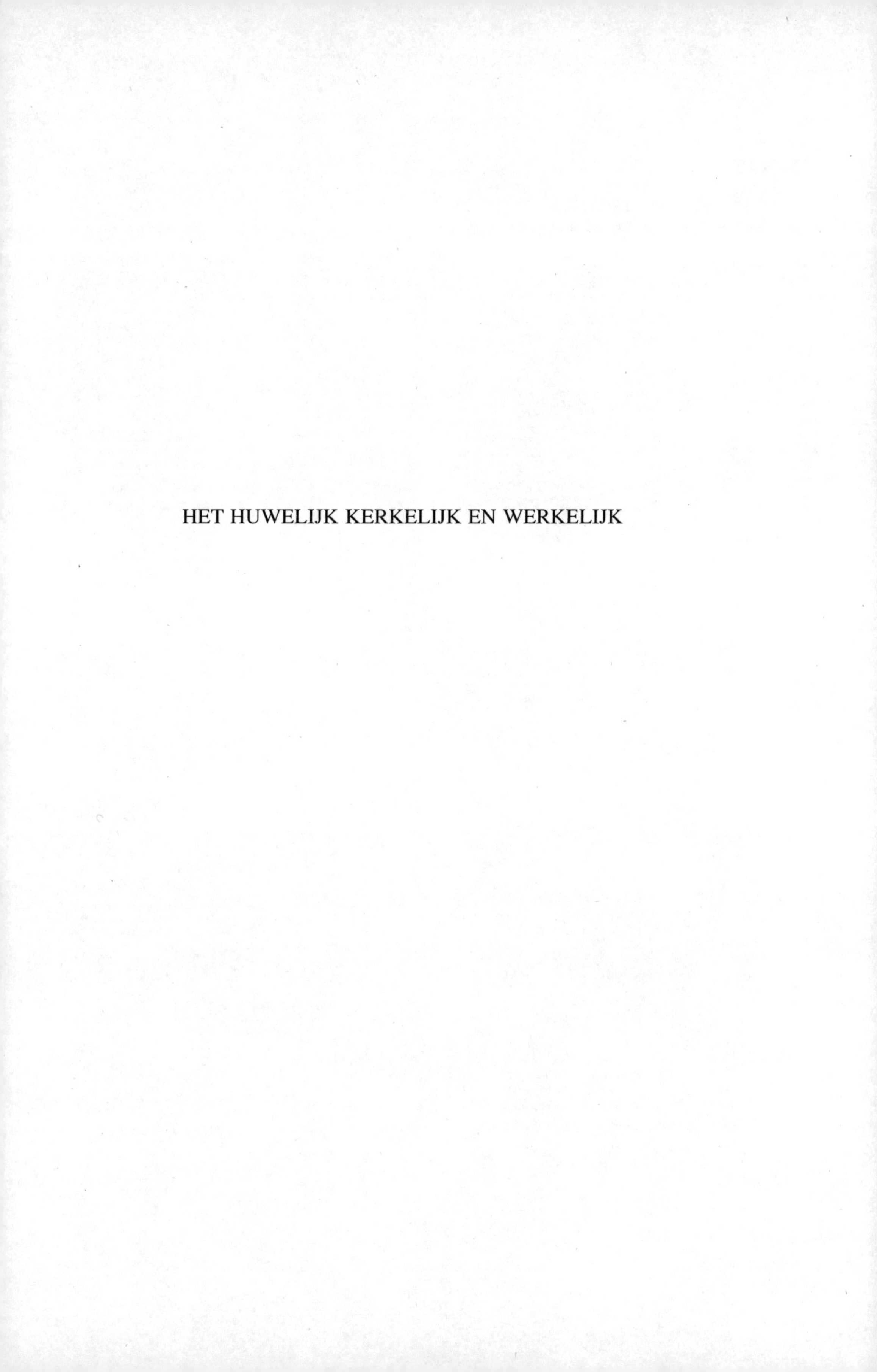

HET HUWELIJK KERKELIJK EN WERKELIJK

WERKGROEP NEDERLANDSTALIGE CANONISTEN

HET HUWELIJK
KERKELIJK EN WERKELIJK

H. WARNINK
W. KENNES

UITGEVERIJ PEETERS
LEUVEN
1994

C.I.P. Koninklijke Bibliotheek Albert I

ISBN 90-6831-640-0
D.1994/0602/102

INHOUD

LIJST VAN AFKORTINGEN

AAS	Acta Apostolicae Sedis
AfkKR	Archiv für katholisches Kirchenrecht
AK	Archief van de Kerken
Ap	Apolinaris
BW	Burgerlijk Wetboek
CIC 1917	Codex Iuris Canonici 1917
CIC 1983	Codex Iuris Canonici 1983
CCEO	Codex Canonum Ecclesiarum Orientalium
cf.	confer
Cler. Rev.	Clergy Review
Comm	Communicationes
Conc	Concilium
DDC	Dictionnaire de droit canonique
ed.	editor
E.H.R.M.	Europees Hof voor de Rechten van de Mens
EIC	Ephemerides Iuris Canonici
EThL	Ephemerides Theologicae Lovaniensis
EVRM	Europees Verdrag voor de Rechten van de Mens
GS	Pastorale constitutie Gaudium et Spes
H.R.	Hoge Raad
IC	Ius Canonicum
IDE	Il Diritto Ecclesiastico
Ius Can	Ius Canonicum
J	The Jurist
KD 1-2-1	Kerkelijke documentatie een-twee-een
LG	Dogmatische constitutie Lumen Gentium
ME	Monitor Ecclesiasticus
MK	Münsterischer Kommentar zum Codex Iuris Canonici
NJ	Nederlandse Jurisprudentie
o.c.	opere citato
Oss. Rom.	Osservatore Romano
REDC	Revista Española de Derecho Canónico
SC	Studia Canonica
SRR	Sancta Rota Romana
ThQ	Theologische Quartalschrift
TPV	Typis Pollyglottis Vaticani
TvT	Tijdschrift voor Theologie
WNC	Werkgroep Nederlandstalige Canonisten

EEN WOORD VOORAF

R. TORFS

Misschien gaat er achter de titel van dit boek een heel klein beetje provocatie schuil. Alsof de werkelijkheid niet kerkelijk zou zijn, en andersom. Toch werd de titel van het boek voor een stuk gekozen omdat het rijm zo heerlijk klonk.

Voor een stuk. Want de termen kerkelijk en werkelijk staan allebei voor een benadering die binnen de Werkgroep Nederlandstalige Canonisten (WNC) stilaan tot een huisstijl is uitgegroeid. Vanaf de eerste studiedagen die de WNC organiseerde, te Antwerpen op 5 en 6 november 1982, werd geopteerd voor een benadering van het canoniek recht die aandacht heeft voor de kerkelijke en maatschappelijke ordening waarin het recht functioneert. Dat betekent meteen dat theologie, recht, humane wetenschappen bij het discours worden betrokken. Kerkelijk recht dat aan zichzelf genoeg heeft, is zoals een mens die niemand anders nodig heeft: onaantrekkelijk. De virtuositeit die men door het zich onophoudelijk bewegen in een subcultuur kan verwerven, maakt dit niet goed.

Het boek dat nu voorligt, laat zich moeiteloos in de traditie van de WNC situeren. Het vindt zijn oorsprong in de studiedagen die de Werkgroep organiseerde te Delden van 15 tot 17 april 1993. Het was de achtste anderhalfjaarlijkse bijeenkomst in de rij. Sinds 1982 wordt dit ritme, met herfstbijeenkomsten in België en lentesessies op de aardigste plekjes van Nederland, onafgebroken in stand gehouden. Zonder dat zulks een reden tot zelfgenoegzaamheid mag worden, maakt deze gedachte toch gelukkig.

Het in dit boek behandelde thema is het kerkelijk huwelijksrecht. Dit vakgebied staat vaak onder scherpe kritiek. De reden hiervoor is wellicht te vinden in het feit dat voor een gestrand huwelijk, op enkele uitzonderingen na, slechts de *ex tunc*-nietigverklaring als uitweg overblijft. De nietigverklaring houdt in dat het huwelijk wordt geacht nooit te hebben bestaan. Die stellingname staat wel eens haaks op het levensgevoel van vele mensen die ernstig hebben gepoogd wat van het huwelijk te maken, soms tijdelijk met succes, maar die uiteindelijk toch vast zijn gelopen. Achter het ontkennen van het huwelijk, zijn mislukking inbegrepen, kan een diepe belediging schuilgaan. Ook het échec heeft recht op leven.

Aan de andere kant verzoent het bestaande systeem het onontbindbaarheidsbeginsel met de zorg voor het gestrande huwelijk. Misschien op een wat kunstmatige manier. Maar vaak ook op een wijze die mensen echt bevrijdt, zowel door hun een nieuwe kans te bieden als door uitdrukkelijk een beroep te doen op hun verantwoordelijkheidszin. De kerkelijke huwelijksprocedure kan bijzonder zinvol zijn wanneer mensen met grote kerkjuridische en menselijke kwaliteiten als rechters fungeren.

Zo'n zinvolle procedure houdt uiteraard ook aandacht in voor allerlei aspecten die bij een huwelijk, zijn ontstaan, beleving en ondergang relevant kunnen zijn. Daarom treft de lezer in dit boek een burgerrechtelijke analyse aan (W.C.E. Hammerstein-Schoonderwoerd) naast een historische (E.C. Coppens). Een demografische en sociologische analyse (T. Jacobs) ontbreekt niet. Ook over het pastoraat van, met en voor echtgescheidenen werd een artikel opgenomen (G. Debree).

Uiteraard vormen de specifiek kerkrechtelijke bijdragen de hoofdmoot van dit boek. Daarbij komen heel wat uiteenlopende onderwerpen en benaderingswijzen aan bod. O.F. ter Reegen laat de lezer delen in zijn jarenlange ervaringen als officiaal. P. Stevens beschrijft het kerkrechtelijke huwelijk als algehele levensgemeenschap zoals het zich in en na Vaticanum II heeft ontwikkeld. Recente tendensen in de rotarechtspraak worden door R. Torfs gesignaleerd. H. Warnink legt het verband tussen huwelijksvisie en procesrecht. Tenslotte bevat de bundel een tekst van T. Meijers over het huwelijk als mensenrecht en de canonieke celibaatsverplichting.

Dit boek draagt op drie terreinen hoop mee. Vooreerst, heel praktisch, wil het een zinvol hulpmiddel zijn voor beoefenaars van het kerkelijk huwelijksrecht en voor gevormde belangstellenden die nader willen kennismaken met het soms wat mysterieus ogende kerkelijke huwelijk. Dat de materie meer te bieden heeft dan de eeuwige verhaaltjes over Caroline van Monaco in *Story* of *Paris Match* toont, voor wat laatstgenoemde categorie van lezers betreft, dit boek duidelijk aan.

Ten tweede poogt de bundel een bescheiden bijdrage te leveren aan de ontwikkeling van het kerkelijk recht als wetenschap in het Nederlandse taalgebied. Daarbij blijven wij onze traditie getrouw: auteurs hebben (gelukkig maar) bepaalde opvattingen, de WNC als dusdanig niet. Alle canonisten zijn en blijven welkom, of zij nu met het plakplaatje *progressief* worden bedacht dan wel onder het label *conservatief* worden gecatalogeerd. Of nog andere namen krijgen toebedeeld.

Een derde doelstelling is wat meer verholen aanwezig: indien een faire rechtscultuur in de Kerk een eminente plaats bekleedt, betekent zulks wellicht een pluspunt voor de binnenkerkelijke verhoudingen als dusdanig. Heldere rechtsregels en een evenwichtige jurisprudentie hebben immers een duidelijke invloed op de levenskwaliteit in de Kerk. Zij scheppen een band en helpen verhinderen dat de Kerk die wij allen liefhebben zou verworden tot een huis van wantrouwen.

HET HUWELIJK ALS ALGEHELE LEVENSGEMEENSCHAP[1]

P. STEVENS

De term *totius vitae consortium*, 'algehele levensgemeenschap' staat centraal in het huwelijksrecht van 1983. Er is reeds vaker over gepubliceerd[2]. Het is mijn taak om in het kort aan te geven wat met deze term wordt bedoeld en welke consequenties ermee verbonden zijn. Daartoe komen de volgende themata aan de orde: (1) Huwelijksvisie voorafgaandelijk aan CIC 1983; (2) Huwelijksvisie in CIC 1983 en (3) Consequenties van deze huwelijksvisie.

I. HUWELIJKSVISIE VOORAFGAANDELIJK AAN CIC 1983

Om duidelijk zicht te krijgen op de huwelijksvisie in de CIC 1983 wordt in het kort de huwelijksvisie in de voorafgaande tijd beschreven en wel:

1.1. Huwelijksvisie in CIC 1917
1.2. Huwelijksvisie van Vaticanum II
1.3. Opname van de conciliaire huwelijksvisie in het recht tot aan CIC 1983.

1.1. Huwelijksvisie in CIC 1917

In de CIC 1917 wordt het huwelijk gezien als een contractuele onverbrekelijke relatie van één man en één vrouw, die zich aan elkaar binden in functie van de voortbrenging en opvoeding van kinderen. Dit contractueel-procreatief huwelijksconcept komt overeen met de opvattingen niet slechts aan het begin van deze eeuw, maar van de eeuwenlange rechtstraditie van onze Kerk. De bronnen die in de CIC 1917 bij de canones 1012-1013 en 1081 worden aangehaald, lopen immers vanaf het *Decretum Gratiani* tot en met paus Leo XIII. De procreatie en daarmee verbonden

[1] Deze tekst is een bewerking van mijn studie "Een algehele levensgemeenschap. Het nieuwe huwelijksconcept van de Codex van 1983", *Collationes*, 23 (1993), 163-187.

[2] In het Nederlands taalgebied met name TORFS, R., *Het huwelijk als levensgemeenschap. Een kerkrechtelijke benadering*, (Nikè-Reeks, 22), Leuven/Amersfoort, Acco, 1990.

de opvoeding van de kinderen is het primaire huwelijksdoel. De nevendoeleinden zijn de wederzijdse hulp, ontleend aan Gen. 2, 18, en het geneesmiddel tegen de begeerte, dat verband houdt met 1 Kor. 7, 2.9. "Op de nevendoeleinden kan dus het huwelijk slechts worden gericht met behoud van de ordening tot de voortplanting van het menselijk geslacht"[3]. De primaire en secundaire huwelijksdoeleinden vormen een eenheid: "De nevendoeleinden zijn...de natuurlijke hulpmiddelen ter bereiking, althans ter betere bereiking, van het hoofddoel"[4]. Dit huwelijkscontract is tussen gedoopten "door dit feit zelf" (canon 1012, § 2) sacrament.

Dit procreatief huwelijksconcept is in de literatuur sterk bediscussieerd, vooral sinds de encycliek *Casti connubii* van paus Pius XI van 31 december 1930[5], voorafgegaan door het werk *Die Ehe* van D. von Hildenbrand[6], voor wie de liefde de diepste kern van het huwelijk uitmaakt, en gevolgd door het ophefmakende boek *Vom Sinn und Zweck der Ehe* van H. Doms[7]. Volgens Doms is het huwelijk objectief en subjectief gericht op de persoonlijke overgave van de echtgenoten, dus de *Zweieinigkeit der Gatten*, de algehele levensgemeenschap die haar specifieke uitdrukking vindt in de geslachtsgemeenschap. Zonder de naam van Doms te vermelden, stelt de Congregatie van het Heilig Officie in haar decreet van 1 april 1944 dat 'recente auteurs' ten onrechte de essentiële onderschikking van de secundaire doeleinden aan het primaire doel van het huwelijk verwerpen"[8]. Deze huwelijksvisie ontmoeten wij ook in toespraken van paus Pius XII, zoals tot het congres van de Katholieke Italiaanse Vereniging van Verloskundigen in 1951[9].

De CIC 1917 ziet het huwelijk dus als een contract met primair een procreatief doel. De wederzijdse hulp en het geneesmiddel tegen de begeerte vormen het secundaire doel, duidelijk ondergeschikt aan het primaire doel.

[3] VAN WELIE, F.A.M., *Canoniek huwelijksrecht*, Nijmegen-Utrecht, Dekker en Van de Vegt, 1962 (2e druk), 21.

[4] *Idem*, 21.

[5] *Casti connubii*, encycliek van Z.H. PAUS PIUS XI van 31 December 1930 over het christelijk huwelijk, vertaald door van NIMWEGEN, F.A.J. CssR, Katholiek Comité van de Actie "Voor God", Heemstede, z.j., 16.

[6] VON HILDEBRAND, D., *Die Ehe*, München, Ars Sacra, 1929, (Nederlandse vertaling: Het huwelijk, Brussel, De kinkhoren, 1955, 72 p.).

[7] DOMS, H., *Vom Sinn und Zweck der Ehe. Eine systematische Studie*, Breslau, Ostdeutsche Verlagsanstalt, 1935 (Franse vertaling: *Du sens et de la fin du mariage*, Parijs, Desclee-De Brouwer, 1937). Zie de bespreking bij TORFS, R., *o.c.*, 27.

[8] S. CONGREGATIO SANCTI OFFICIII, Decretum, "De matrimonii finibus" dd. 1 april 1944, *AAS*, 36 (1944), 103.

[9] *AAS*, 43 (1951), 835-854, hier 848-854; *KA*, 6 (1951), kol. 941-954, hier kol. 950-954.

1.2. Huwelijksvisie van Vaticanum II

Wie vertrouwd is met het huwelijksconcept van de CIC 1917, zal zeer verrast zijn wanneer hij kennis neemt van de huwelijksvisie van Vaticanum II. Zij is te vinden in de pastorale constitutie over de Kerk in de wereld van deze tijd *Gaudium et spes*, nn. 47-52. Aan de totstandkoming ervan ging een tijd vooraf van moeizame voorbereiding[10]. In deel 2 komen "enkele bijzondere problemen" aan de orde, en wel in hoofdstuk 1 "De bevordering van de waardigheid van huwelijk en gezin" (nn. 47-52). De voorbereiding van dit hoofdstuk heeft veel inspanning en wijsheid gevergd[11].

Na een korte sociologische beschrijving in n. 47 "Huwelijk en gezin in de huidige wereld", bespreekt n. 48 "De heiligheid van huwelijk en gezin"; n. 49 "De huwelijksliefde"; n. 50 "De vruchtbaarheid van het huwelijk"; n. 51 "Het harmoniseren van de huwelijksliefde met de eerbied voor het menselijk leven"; en n. 52 "De zorg van allen voor de bevordering van huwelijk en gezin".

Drie elementen zijn bepalend voor het huwelijksconcept van Vaticanum II:

1. "De intieme gemeenschap van leven en liefde in het huwelijk", *intima communitas vitae et amoris conjugalis*' (GS 48). Belangrijke termen zijn: *communitas amoris*, "liefdesgemeenschap" (GS 47), *foedus coniugii*, "huwelijksverbond" (GS 48), *totius vitae consuetudo et communio*, "algehele levensgemeenschap en levenscommunie" (GS 50). De bedoeling van het Concilie is een personalistisch concept van het huwelijk te beschrijven. De interpersoonlijke relatie van man en vrouw is het hart van het conciliair huwelijksconcept. Met opzet gebruikt het Concilie niet de term "contract", maar "verbond". N. Lüdecke in zijn proefschrift over huwelijkssluiting als verbond typeert het huwelijksverbond als: "het onvoorwaardelijke en publieke ja aan de partner met betrekking tot de integraal-persoonlijke levens- en liefdesgemeenschap die op partnerschap en nakomelingschap

[10] MOELLER, C., "Die Geschichte der Pastoralkonstitution", in *Das Zweite Vatikanische Konzil Dokumente und Kommentare, Lexikon für Theologie und Kirche,* Teil III, Freiburg-Bazel-Wenen, 1968, 242-279; MCGRATH, M.G. c.s.c., "Historische notities over de pastorale constitutie Gaudium et Spes", in BARAUNA, G. o.f.m. (ed.), *De Kerk in de wereld van nu. Commentaren op de pastorele constitutie "Gaudium et spes"*, Bilthoven, Nelissen, 1968, 77-91.

[11] Zie de inleiding en het commentaar op hoofdstuk 1 van deel 2 door HÄRING, B., in: "Das Zweite Vatikanische Konzil Dokumente und Kommentare", *Lexikon für Theologie und Kirche*, Teil III, Freiburg-Bazel-Wenen, 1968, 423-446. Zie ook TORFS, R., *o.c.*, 15-22.

geordend is, als de statusveranderende act van de huwelijkssluiting enerzijds, en het *matrimonium in facto esse* als publiek erkende status waarvan de concrete existentiële verwerkelijking van de ethische verantwoordingsvrijheid van de partners opgedragen is, anderzijds"[12].

2. "De huwelijksliefde" (GS 49): de ziel van het huwelijk. GS 49 geeft duidelijk aan dat de liefde die van eros tot *agapè* is uitgegroeid, de ziel van het huwelijk is. Gedachten van D. von Hildenbrand, Pius XI en H. Doms keren hier terug in het conciliair onderricht. Het personalistisch huwelijksconcept komt ook hier sterk naar voren, hoe wij dit personalisme ook moeten interpreteren[13].
3. "De vruchtbaarheid van het huwelijk". Ten aanzien van de doeleinden van het huwelijk volgt het concilie een dubbele koers. Er staat: "Het huwelijksinstituut en de huwelijksliefde zijn uiteraard (*indole sua naturali*) geordend op de gezinsstichting en zij vinden daarin als het ware hun bekroning" (GS 48).
   Zo ook: "Door hun innerlijke aard (*indole sua*) zijn het huwelijk en de huwelijksliefde gericht op gezinsstichting (GS 50). Daarom is "deze heilige band...ten voordele zowel van het welzijn van de echtgenoten en kinderen als van de gemeenschap..." (GS 48).

Na verwijzing naar Gen. 2, 18; Mat. 19, 4 en Gen. 1, 28 stelt het concilie: "Bijgevolg zijn de authentieke echtelijke liefdescultus en heel het daarop berustende gezin, zonder achterstelling van de andere huwelijkswaarden (*non posthabitis ceteris matrimonii finibus*), erop gericht, dat de echtgenoten van harte bereid zijn mee te werken met de liefde van de Schepper en de Verlosser, die door hen van dag tot dag zijn gezin uitbreidt en verrijkt" (GS 50).

Volgens V.L. Heylen, een van de auteurs van de eindversie van de tekst[14], is de concilietekst "bewust personalistisch en existentieel"[15]. Hij zegt: "Deze benadering van het huwelijk brengt twee belangrijke punten aan het licht: de voorrang van de intieme gemeenschap en liefde, en het ontbreken van een rangorde in de opsomming van de doeleinden van het huwelijk. De juiste draagwijdte van deze manier om het onderwerp te benaderen, dient te worden vastgesteld".

[12] LÜDECKE, N., Eheschliessung als Bund. Genese und Exegese der Ehelehre der Konzilskonstitution "Gaudium et spes" in *kanonistischer Auswertung*, (reeks: Forschungen zur Kirchenrechtswissenschaft, 7/1-2]), Würzburg, Echter, 1989, 892.

[13] Zie TORFS, R., *o.c.*, 25-32.

[14] Zie HÄRING, B., *o.c.*, 424.

[15] HEYLEN, V.L., in BARAUNA, G., *o.c.*, 304.

"Het concilie heeft bewust deze classificatie achterwege gelaten, tegen het gevoelen van een zeker aantal Vaders in, die voorstanders waren van het weer opnemen van de vroegere uitdrukkingen... Het concilie bepaalt zich tot het wezenlijke; het heeft hoge achting voor de liefde en het nieuwe leven, twee respectabele dynamismen van het huwelijk, die het eerder verenigt dan tegenover elkaar stelt"[16].

Het preconciliair huwelijksconcept van de CIC 1917, dat procreatief van aard is en dat een duidelijke onderschikking van doeleinden kent, is op deze wijze vervangen door een personalistisch concept. De "intieme gemeenschap van leven en liefde in het huwelijk", gekozen en voortdurend gestuwd door "de huwelijksliefde", en bepaald door "twee respectabele dynamismen", te weten de onderlinge harmonie van de echtgenoten en het voortbrengen van het nieuwe leven, is de korte typering van het conciliair huwelijksconcept.

1.3. Opname van de conciliaire huwelijksvisie in het recht tot aan de CIC 1983.

1. Het nieuwe huwelijksconcept dat typerend is voor de westerse wereld, heeft hier zeer gemakkelijk ingang gevonden. Men kan misschien beter zeggen: het was er al, en nu wordt het gerecipieerd, geduid en verdiept in het spreken van het conciliair magisterium. Het toont zich in verwachtingen, gelukservaringen en teleurstellingen van huwenden en gehuwden. In de pastoraal van onze Kerk is het ruimschoots aanwezig, zoals blijkt uit talloze huwelijksvieringen sinds enkele decennia en uit de wijze waarop pastores huwenden (willen) voorbereiden en gehuwden (trachten te) begeleiden. Wij vinden het ook terug in de uitspraken van het pauselijk leergezag, zoals in de encycliek *Humanae vitae* van Paulus VI en de apostolische exhortatie *Familiaris consortio* van Johannes Paulus II[17].

Overeenkomstig de bedoeling van paus Johannes XXIII bij de aankondiging van de herziening van de Codex op 25 januari 1959 en de omschrijving van de opdracht tot herziening door paus Paulus VI op 20 november 1965[18] is in de jaren 1966 tot 1982 ook het huwelijksrecht herzien. De conciliaire huwelijksvisie is canoniekrechtelijk vertaald. De exacte termen zijn geleidelijk ontstaan.

[16] *Idem*, resp. 307; 309-310.

[17] *Humanae vitae*, dd. 25 juli 1968, met name n. 9, *KA*, 23 (1968), kol. 801-833; *Familiaris consortio*, dd. 22 november 1981, met name n. 13, *AK*, 37 (1982), kol. 1-72.

[18] Voor Johannes XXIII zie Voorwoord CIC 1983, XXXVI-XXXVII, voor Paulus VI zie Voorwoord CIC 1983, XL-XLI.

2. Uit het geheel van de ontwerpen (Schemata 1975, 1980 en 1982) blijkt:

1) De wetgever heeft gezocht naar een adequate term voor het huwelijk: eerst *coniunctio* (Schema '75, canon 243 § 1), welk begrip meer het *matrimonium in fieri* betreft. Daarna het begrip *communio* (Schema '80, canon 1008 § 1), dat een meer theologische connotatie heeft en op het huwelijk *in facto esse* betrekking heeft, maar dat mogelijk niet gekozen is omdat de term *consortium* (Schema '82, canon 1055 § 1; cf. Schema '75, canon 295 § 2), dat ook het huwelijk *in facto esse* betreft, volgens R. Torfs meer juridisch-economisch gekleurd is[19]. *Consortium* is letterlijk lotsverbondenheid, een band van mensen die hetzelfde lot, dezelfde bestemming hebben. Het is volgens L. Örsy minder dan *communio* dat de meest intieme band aangeeft; maar meer dan *societas* (cf. CIC 1917, canon 1082 § 1), welke term een lossere band aanduidt, gericht op zakelijke doeleinden[20]. Overigens komen zowel *coniunctio* als *consortium* ook reeds voor in het Romeins recht[21].
2) De term *foedus*, "verbond" komt in Schema '75 slechts voor in de consensus-omschrijving (canon 295 § 2), vanaf Schema '80 echter zowel in de omschrijving van het huwelijk (canon 1008 § 1) als van de consensus (canon 1010 § 2), in Schema '82 in de omschrijving van huwelijk (canon 1055 § 1) alsook in die van de consensus (canon 1057 § 2). Deze centrale bijbelse notie duidt op de unieke band tussen de Heer en zijn volk Israël en tussen Christus en zijn Kerk (zie ook LG 9) en werd voor het huwelijk gebruikt in GS 48, om de interpersoonlijke band van man en vrouw aan te geven.
3) Het doel van het huwelijk wordt in Schema '75 (canon 243 § 1) nog aangegeven als "gericht op het voortbrengen en opvoeden van kinderen", maar vanaf Schema '80 (canon 1008 § 1) zien wij de "twee respectabele dynamismen" zoals V.L. Heylen het uitdrukte, nevengeschikt en niet ondergeschikt aan elkaar, en wel in de formulering "het welzijn van de echtgenoten en het voortbrengen en opvoeden van kinderen".
4) De bepaling dat het geldig huwelijkscontract tussen gedoopten door het feit zelf sacrament is, is in alle schemata gelijk gebleven: Schema

[19] Zie TORFS, R., *o.c.*,64-65.

[20] Aldus ÖRSY, L., in zijn commentaar bij CIC 1983 canon 1055 § 1, in *Marriage in Canon Law. Texts and Comments, Reflections and Questions*, Wilmington, Delaware, 1986, 91.

[21] JUSTINIANUS, *Digestae* 23.1.1; *Institutiones* 1.9.1.

’75, canon 242 § 2; Schema ’80, canon 1008 § 2; Schema ’82, canon 1055 § 2. In tegenstelling tot GS is dus het contractsbegrip heropgenomen in de projecten voor de herziene wetgeving.

5) Het personalistisch huwelijksconcept komt ook tot uitdrukking in de consensus-omschrijving. Was het in CIC 1917 canon 1081 § 2 het “overdragen en ontvangen van het recht op elkaars lichaam”, in Schema ’75, canon 295 § 2 werd deze terminologie reeds vermeden. Vanaf Schema ’80 canon 1010 § 2 en Schema ’82 canon 1057 § 2 wordt gesproken van “zich wederzijds aan elkaar schenken en elkaar aanvaarden”.

3. Terwijl het werk van de herziening in de postconciliaire tijd plaatsvindt, moet de rechtspraak doorgaan. Een bijzondere moeilijkheid doet zich voor in de huwelijksrechtspraak. De CIC 1917 is dan nog steeds van kracht en dient als zodanig in de jurisprudentie te worden geïnterpreteerd en toegepast. Toch is zowel in het levensgevoel van de gelovigen als in het lerend spreken van de kerkleiding het nieuw huwelijksconcept een aanvaard gegeven. De rechtspraak heeft daarom op goede gronden dit concept geleidelijk opgenomen. Doordat namelijk het huwelijk “in facto esse” wordt gezien als interpersoonlijke relatie, wordt de rechtspraak zich bewust dat huwenden de capaciteit moeten hebben om het huwelijk overeenkomstig dit nieuwe concept te willen en te kunnen aangaan en realiseren.

In dezelfde tijd zien we een ander fenomeen. Op basis van de *Regula juris 6* ‘*Nemo potest ad impossibile obligari*’, “Niemand kan tot het onmogelijke verplicht worden”, is een nieuwe huwelijksongeldigheidsgrond ontwikkeld, eerst genoemd ‘*impotentia moralis*’[22], later o.a. door K. Lüdicke uitgewerkt als ‘*incapacitas psychica*’, psychisch bepaalde huwelijksonbekwaamheid, uiteengelegd in de onbekwaamheid tot het aangaan van een huwelijkscontract en de onbekwaamheid tot het leiden van een huwelijksleven[23]. Deze laatste ongeldigheidsgrond, het in de rotajurisprudentie ontwikkelde psychisch onvermogen om het huwelijk

[22] Een goed overzicht biedt BARROIS, H., *Die Personalität des Menschen in der Bewertung der neueren kirchlichen Ehegerichtsbarkeit. Der “actus humanus” als wesentlicher Maszstab für die sogenannte “impotentia moralis”, dargestellt nach der neueren Rechtsprechung der S.R.Rota unter Berücksichtigung der Ehelehre des Zweiten Vatikanischen Konzils*, (reeks: Freiburger Theologische Studien, Bd.111), Freiburg-Bazel-Wenen, Herder, 1978, vooral 103-132.

[23] LÜDICKE, K., *Psychisch bedingte Eheunfähigkeit. Begriffe-Abgrenzungen-Kriterien*, (reeks: Europäische Hochschulschriften, Reihe XXIII Theologie, 105), Frankfurt a.M.-Bern-Las Vegas, Lang, 1978.

te realiseren, door anderen ook wel genoemd het maritaal relationeel onvermogen, is door J. Weber voortreffelijk beschreven[24].

II. Huwelijksvisie in CIC 1983

1. De CIC 1983 begint bij alle sacramenten met een omschrijving van het sacrament[25], bij het huwelijk met een omschrijving van het huwelijksverbond. Het huwelijksconcept wordt allereerst duidelijk uit deze legislatieve omschrijving en die van de huwelijksconsensus.

In canon 1055 § 1 wordt gesteld: "Het huwelijksverbond, waardoor man en vrouw met elkaar een algehele levensgemeenschap (het gehele leven omvattende gemeenschap) vormen, die uit haar natuurlijke aard (*indole sua naturali*) gericht is op het welzijn van de echtgenoten en op het voortbrengen en opvoeden van kinderen, is door Christus de Heer tussen gedoopten verheven tot de waardigheid van sacrament".

Daarbij sluit aan canon 1055 § 2: "Daarom kan er tussen gedoopten geen geldig huwelijkscontract bestaan zonder dat het door dit feit zelf sacrament is".

De interpretatie van deze canon dient te gebeuren overeenkomstig canon 17, waarbij "de bedoeling van de wetgever" (canon 17) apart wordt vermeld in de apostolische constitutie van paus Johannes Paulus II *Sacrae disciplinae leges*, dd. 25 januari 1983: Omdat de CIC 1983 de canoniekrechtelijke vertaling is van de conciliaire ecclesiologie (LG en GS), dient de Codex geïnterpreteerd te worden tegen de achtergrond van Vaticanum II en hieraan steeds te worden getoetst[26].

De huwelijksvisie van Vaticanum II is met name te vinden in GS nn. 47-52. In de interpretatie van de canones over het huwelijk dienen wij derhalve de opvattingen van GS voortdurend voor ogen te houden. De interpretatie kan dus nooit erop uitlopen dat de nieuwe huwelijksvisie van Vaticanum II wordt teruggeschoven doordat de CIC 1983 geïnterpreteerd wordt in de lijn van de opvattingen van CIC 1917.

[24] Weber, J., *"Erfüllungsunvermögen" in der Rechtsprechung der Sacra Romana Rota. Ursprung und Entwicklung eines neuen Ehenichtigkeitsgrundes in der katholischen Kirche*, (reeks: Eichstätter Studien Neue Folge, XVII), Regensburg, Friedrich Pustet, 1983. Een helder inzicht biedt ook T. Doyle in een door hem uitgegeven publicatie van de Canon Law Society of America. Doyle, T. (ed.), *Marriage Studies. Reflections in Canon Law and Theology*, vol. 3, Washington D.C., C.L.S.A., 1982, 111-199.

[25] Alle sacramenten: canon 840. Doopsel: canon 849. Vormsel: canon 879. Eucharistie: canones 897-899. Boetesacrament: canon 959. Ziekenzalving: canon 998. Wijding: canon 1008.

[26] *Codex Iuris Canonici - Wetboek van Canoniek Recht*, Brussel/Hilversum, Licap/ Gooi & Sticht, 1987, XX-XXIII.

2. Wij kunnen verschillende elementen aanwijzen.

1) Vier termen staan hier centraal: huwelijksverbond, algehele levensgemeenschap, sacrament en contract.

a. Niet het huwelijk wordt omschreven, maar het huwelijksverbond. Toch komt in vele andere canones de term "huwelijk" telkens terug. Het huwelijksverbond is een term die ontleend is aan GS 48 en het religieus karakter aangeeft. De term heeft initiële betekenis, want hierdoor vormen man en vrouw een algehele levensgemeenschap. Of moeten wij zeggen dat het huwelijksverbond juist omdat het een sacrament is, ook een duratieve betekenis heeft? In elk geval wordt hiermee het interpersoonlijk karakter duidelijk aangegeven. Deze visie wordt door Vaticanum II ook vertolkt in LG 11; 41; AA 11.

b. De "algehele levensgemeenschap" is de vertaling van *totius vitae consortium*. Over de keuze van de term *consortium* is boven reeds gesproken. In de CIC 1983 komt *consortium* viermaal voor: canon 1055 § 1 (= canon 776 § 1, CCEO), canon 1096 § 1 (= canon 819, CCEO), canon 1098 (= canon 821, CCEO), canon 1135 (= canon 777, CCEO). De Nederlandse vertaling, waarvoor ik medeverantwoordelijk ben, is niet verkeerd, maar lijkt mij niet helemaal correct. Zoals de vertaling nu luidt, behoort het adjectief *totius*, "algehele" bij "levensgemeenschap", terwijl het in het Latijn behoort bij *vitae*, "leven". Vandaar mijn alternatieve vertaling "een het gehele leven omvattende gemeenschap". Een interpretatieprobleem is, dat *totius vitae* duratief kan worden opgevat, dus als betrekking hebbend op heel de duur van leven. Het wordt dan uitgewerkt in de wezenlijke eigenschap van de onontbindbaarheid van canon 1056. *Totius vitae* kan echter ook worden geïnterpreteerd als betrekking hebbend op de totaliteit van de relatie, dus op alle facetten van de interpersoonlijke relatie van man en vrouw. Beide interpretaties zijn in mijn ogen juist en dienen in de rechtswetenschap en in de rechtspraak te worden verdisconteerd.

c. "Uit haar natuurlijke aard" is deze levensgemeenschap op twee doeleinden tegelijk gericht, hoewel de term *finis* niet meer wordt gebruikt. Zoals reeds opgemerkt, het onderscheid tussen primair en secundair doel is hiermee komen te vervallen. Mij lijkt dat de nevenschikkende formulering de wezenlijke gerichtheid of de "beide respectabele dynamismen" aangeeft. Uit het feit dat het welzijn van de echtgenoten voorop staat, mag niet worden geconcludeerd dat in de interpretatie hieraan prioriteit moet worden geschonken. "Het welzijn van de echtgenoten" is een uitdrukking die in de rechtspraak nader dient te worden bepaald. Zij betreft het fysiek, emotioneel, intellectueel en geestelijk welzijn van man en vrouw[27]. Voor de opvoeding van de kinderen dient te worden verwezen naar de omschrijving van opvoeding die wordt gegeven in canon 795.

d. Dit huwelijksverbond, met deze dubbele doelgerichtheid, is indien gesloten tussen gedoopten, een sacrament overeenkomstig de bepalingen van het Oecumenisch Concilie van Lyon in 1274 en van Trente in 1563[28].

De identiteit van het geldig huwelijkscontract tussen gedoopten en het huwelijkssacrament wordt *expressis verbis* gesteld in canon 1055 § 2. Een consequentie van deze norm is dat het feit van het doopsel bepalend is en niet het feitelijk geloof van partijen, hetgeen theologisch en pastoraal niet onproblematisch is aangezien een sacrament ook uitdrukking dient te zijn van het geloof[29]. Hiermee is verbonden de "bijzondere bekrachtiging" van de eenheid en onontbindbaarheid van "het christelijk huwelijk" zoals geformuleerd in canon 1056 en herhaald in canon 1134 § 1.

2) Overeenkomstig het nieuw huwelijksconcept is ook de legislatieve omschrijving van de huwelijksconsensus gewijzigd. Nadat in canon 1057 § 1 de noodzaak bepaald is van de consensus, van de juridische bekwaamheid van de huwenden en van de vereiste vorm, volgt in canon 1057 § 2 de omschrijving van de consensus: "De huwelijksconsensus is een daad van de wil, waardoor man en vrouw zich in een onherroepelijk verbond wederzijds aan elkaar schenken en elkaar aanvaarden om een huwelijk tot stand te brengen"[30].

[27] ÖRSY, L., *o.c.*, 53

[28] DENZINGER, H., en HÜNERMANN, P., *Enchiridion symbolorum, definitionum et declarationum de rebus fidei et morum. Kompendium der Glaubensbekenntnisse und kirchlichen Lehrentscheidungen*, Freiburg i.B./Bazel/Rome/Wenen, Herder, 1991, 37e druk, resp.nr. 860 en 1801.

[29] Deze problematiek is kort aangegeven in mijn studie "Het huwelijk in het recht van de Katholieke Kerk. Schets van de huidige problematiek" in HUIZING, P., e.a., *Wat God verbonden heeft. Beschouwingen over huwelijk, echtscheiding en kerkrecht*, Nijmegen/Baarn, Katholiek Studiecentrum, 1991, 19-38, hier 30-32. Een belangrijk werk in deze is SEQUEIRA, J.B., *Tout mariage entre baptisés est-il nécessairement sacramentel?*, Parijs, Cerf, 1985.

[30] Het is opmerkelijk dat het woord *constituendum* in canon 1057 § 2 vertaald wordt met "tot stand brengen", terwijl het woord "*constituunt*" in canon 1055 § 1 vertaald wordt met "vormen". In de Duitse vertaling staat respectievelijk *gründen* en *begründen*, in de Italiaanse vertaling respectievelijk *costituire* en *stabiliscono*. De Franse, Engelse, Amerikaanse en de Spaanse vertaling zijn hier consistent en gebruiken in beide canones hetzelfde werkwoord. Het interpretatieprobleem dat hieronder steekt, is: "*constituunt*" in canon 1055 § 1 kan op zich zowel initiële als duratieve betekenis hebben, daarom is "vormen" gekozen. Door in canon 1057 § 2 *constituendum* te vertalen met "tot stand brengen" is gekozen voor een louter initiële betekenis.

De consensus wordt hier op dezelfde wijze omschreven als in Schema '80 canon 1010 § 2 en Schema '82 canon 1057 § 2. Het personalistisch huwelijksconcept komt hier duidelijk tot uitdrukking: in plaats van het "overdragen en ontvangen van het recht op elkaars lichaam" zoals in CIC 1917 canon 1081 § 2, is de formulering nu "zich wederzijds aan elkaar schenken en elkaar aanvaarden".

3. De opname van de algehele levensgemeenschap, expliciet in de legislatieve omschrijving van het huwelijk en impliciet in die van de consensus, betekent dat huwenden in de manifestatie van de consensus elkaar het recht op algehele levensgemeenschap geven. Deze vérgaande verandering heeft een enorme doorwerking in de huwelijksrechtspraak[31]. In de rechtspraak komt men tot de bevinding dat huwenden daarom elkaar het recht op algehele levensgemeenschap moeten geven en moeten kunnen geven, en dat zij eenmaal gehuwd, dit recht hebben. Dit wordt afgeleid uit het feit dat het huwelijksverbond een algehele levensgemeenschap wil vormen, en uit de bepaling van canon 1135: "Ieder van beide echtgenoten heeft gelijke rechten en plichten met betrekking tot datgene wat tot de echtelijke levensgemeenschap behoort".

III. Consequenties van deze huwelijksvisie

De consequenties van de nieuwe huwelijksvisie zijn ten dele in de CIC 1983 geïntegreerd, andere zijn nog voorwerp van discussie.

3.1. Consequenties in de CIC 1983.

In het huwelijksrecht van de CIC 1983 zijn met name twee consequenties van dit nieuwe huwelijksconcept herkenbaar.

1. Psychische huwelijksonbekwaamheid

Het meest significant komt het nieuwe huwelijksconcept naar voren in de norm betreffende de psychische huwelijksonbekwaamheid van canon 1095, 2° en 3°[32]. In canon 1095 wordt bepaald: "Onbekwaam tot het sluiten van een huwelijk zijn: 1° zij die niet beschikken over voldoende

[31] Zie o.a. Torfs, R., *o.c.*, 112-113.

[32] Tijdens de studiedagen van de WNC te Antwerpen 28-30 november 1985 heeft collega K. Lüdicke over deze materie een uitstekend referaat gehouden. Lüdicke, K., "Canon 1095 CIC 1983 - Genese und Exegese", in Degen, H. en De Fleurquin L. (ed.), *Mogelijkheden en grenzen van de kerkelijke rechtspraak in huwelijkszaken*, Leuven, Peeters, 1987, 8-47.

gebruik van het verstand; 2° zij die lijden aan een ernstig gebrek aan oordeelsvermogen met betrekking tot de wederzijds over te dragen en te aanvaarden wezenlijke rechten en plichten van het huwelijk; 3° zij die wegens redenen van psychische aard de wezenlijke verplichtingen van het huwelijk niet op zich kunnen nemen".

1) De eerste norm heeft betrekking op mensen die chronisch of acuut in het gebruik van het verstand door welke oorzaak ook zo worden gehinderd, dat ze niet beschikken over voldoende gebruik van het verstand. *A fortiori* valt onder deze norm ook de situatie dat een persoon onvoldoende verstand heeft. De achterliggende gedachte is duidelijk: als men niet voldoende kan weten wat men kiest, kan men niet kiezen. De storing moet echter steeds zo ernstig zijn dat de manifestatie van de consensus niet kan worden toegerekend. In deze norm speelt het begrip "algehele levensgemeenschap" geen specifieke rol.

2) In de tweede norm gaat het om een ernstig gebrek in het oordeelsvermogen, en wel om een oordeelsvermogen dat geproportioneerd is aan het huwelijk, waardoor de huwenden een "het gehele leven omvattende gemeenschap" vormen. Zapp stelt: "Het oordeelsvermogen resulteert niet alleen uit een intacte intellectuele bekwaamheid, veronderstelt niet alleen een onversmald gebruik van het verstand, maar is ook wezenlijk afhankelijk van de niet verzwakte wilsprestatie en in het bijzonder van de interactie van verstand en wil. Zodra ook maar een van de componenten van de totale persoonlijkheid gestoord is, wordt noodzakelijkerwijze de totale psychische eenheid van de persoon schade toegebracht"[33]. Het oordeelsvermogen moet in staat zijn de rechten en plichten van het huwelijk waardeschattend en begrijpend te kunnen benaderen, d.w.z. de *cognitio aestimativa*, die het resultaat is van kennen (inzien) en willen. Hiertoe dient de *facultas cognoscitiva* en de *facultas critica*; de laatste is in staat het gekende af te wegen, te schatten en te beoordelen om aldus een vrije keuze te maken die een geheel toerekenbare en verantwoorde beslissing betekent. De moeilijkheid is wel welke exact de wezenlijke rechten en plichten van het huwelijk zijn. Uitgaande van de canones 1055 § 1 en 1056 stelt Lüdicke dat de wezenlijke rechten en plichten betrekking hebben op: de onontbindbaarheid van het huwelijk, de plicht tot trouw, het recht op huwelijksomgang en ouderschap, de plicht tot en het recht op integrale levensgemeenschap en

[33] ZAPP, H., *Das kanonische Eherecht, begründet von U. Mosiek*, Freiburg, Rombach, 1988 (7de herwerkte druk), 132.

verzorging en opvoeding van kinderen, hoewel dit laatste wordt betwist[34].

Het is mogelijk dat iemand duidelijk gebrek aan volwassenheid en rijpheid toont waardoor hij/zij ofwel een enkel rosig huwelijksbeeld huldigt ofwel niet kan beseffen of aanvoelen wat een huwelijk aan wezenlijke rechten en plichten inhoudt. Iemand kan ook innerlijk worden verscheurd door tegenstrijdige motieven, door zware angsten of zenuwcrises, vooral als deze toestanden niet habitueel zijn maar uitzonderingssituaties, waarin de belastingsgrenzen van een persoon overschreden zijn. Het kunnen innerlijke conflictstoestanden zijn die de totale persoonlijkheid aangaan en welke soms herkenbaar zijn doordat betreffende zijn/haar toevlucht zoekt in psychopharmaca of alcohol.

3) De derde norm heeft rechtstreeks betrekking op de algehele levensgemeenschap en heet de onbekwaamheid wegens psychische oorzaken waardoor de persoon de wezenlijke verplichtingen van het huwelijk niet op zich kan nemen. Deze grond voor ongeldigverklaring wordt in het Duits *Erfüllungsunvermögen* genoemd, in het Latijn *incapacitas adimplendi*, terwijl de CIC 1983 spreekt over de *incapacitas assumendi*. Het gaat, zoals Zapp zegt, om: "het op zich nemen van een verplichting onder het aspect van het rechtens werkzame, geldige en verbindende contract. Een dergelijke verplichting kan men niet rechtsgeldig op zich nemen, tenzij ook haar vervulling mogelijk is: *Nemo ad impossibile obligatur*[35].

Het onvermogen ligt niet in de ontoereikende act van het huwelijkscontract, want dan zou een van de beide andere normen van canon 1095 aan de orde zijn, maar in de psychische persoonlijkheidsstructuur van de betrokkene die het hem/haar onmogelijk maakt het gekende en gewilde te realiseren. Ook hier stelt zich weer de vraag welke de wezenlijke verplichtingen zijn. Lüdicke stelt: "Wezenlijk zijn de huwelijksverplichtingen die door de wezenlijke eigenschappen van het huwelijk bepaald zijn, dus de plicht tot trouw en de plicht tot onontbindbare levensgemeenschap. Verder behoren hiertoe de plichten die uit de natuurlijke doelstelling van het huwelijk voortkomen. Dat is de plicht om op het verlangen van de partner het huwelijk te voltooien (canones 1061 en 1084), echter niet de plicht tot ouderschap (canon 1061). In discussie is de plicht om eventueel kinderen die geboren worden, in lichamelijk en geestelijk-psychisch alsook godsdienstig opzicht op te voeden (canon 1136)"[36].

[34] LÜDICKE, K. (ed.), *MK*, Essen, Ludgerus, 1985-heden, canon 1095, randnummer 4.
[35] ZAPP, H., *o.c.*, 139.
[36] LÜDICKE, K., *MK*, canon 1095, randnummer 11.

Als voorbeelden voor deze psychische persoonlijkheidsstoornissen noemt Zapp: "psychose, neurose, psychopathie, sociopathie, maar ook vooral door leeftijd of ontwikkeling bepaalde onrijpheid tot vervulling van de eisen die uit de verantwoordelijkheid voor huwelijk en gezin voortkomen"[37].

De onbekwaamheid van canon 1095, 1° en 2° is steeds absoluut en heeft dus betrekking op een huwelijk dat een persoon met wie dan ook sluit. Ten aanzien van de onbekwaamheid van canon 1095, 3° bestaat discussie of zij behalve absoluut ook relatief kan zijn, dus enkel betrekking hebbend op een bepaalde partner. Zowel Lüdicke als Zapp[38] aanvaarden ook de relatieve psychische onbekwaamheid volgens canon 1095, 3°, daar de algehele levensgemeenschap juist gerealiseerd moet kunnen worden met deze bepaalde partner. Het risiko is groot dat langs deze weg de echtscheiding binnensluipt onder de naam van ongeldigverklaring. Daarom moet in de bewijsvoering duidelijk vaststaan dat ingrijpende en onoverbrugbare karakterverschillen aanwezig zijn, waardoor beiden psychisch niet in staat zijn juist met elkaar een algehele levensgemeenschap op te bouwen.

De eerste en de tweede vorm van psychische onbekwaamheid wordt door Lüdicke *psychisch bedingte Ehevertragsunfähigkeit* genoemd, de derde *psychisch bedingte Eheführungsunfähigkeit*[39]. Volgens P. Huizing, de relator van de werkgroep voor de herziening van het huwelijksrecht, zijn alle drie ontwikkeld in de jurisprudentie[40].

2. Partiële simulatie

De rechtsorde moet ervan kunnen uitgaan dat een gegeven verklaring overeenkomt met hetgeen betreffende bedoelt. Daarom wordt evenals in CIC 1917 canon 1086 § 1, in CIC 1983 canon 1101 § 1 bepaald: "De innerlijke consensus wordt gepresumeerd in overeenstemming te zijn met de woorden of tekenen die in de huwelijksviering gebruikt zijn".

Uitgangspositie is dus de presumptie of het rechtsvermoeden dat huwenden door het uitspreken van de consensus een huwelijk willen sluiten, zoals de Kerk dit in haar wetgeving heeft bepaald. De presumptie

[37] ZAPP, H., *o.c.*, 140.

[38] Resp. ZAPP, H., *o.c.*, 142; LÜDICKE, K., *MK*, canon 1095, randnummer 15.

[39] Zie het werk van Lüdicke, K. genoemd in noot 23; IDEM, *Eherecht*, Essen, 1983, 85-88; IDEM, in *MK*, canon 1095.

[40] HUIZING, P., "Het huwelijkrecht in de Codex van 1983", in WNC, *Op de drempel van het nieuwe kerkelijk recht*, Verslagboek van de studiedagen over de Codex 1982 Antwerpen, 5 en 6 november 1982, z.p., z.j. (WNC, nr.1), 8-19, in het bijzonder 11.

wordt, evenals in canon 1060, pas ontkracht door voldoende tegenbewijzen. Daarom luidt de norm van canon 1101 § 2: "Indien evenwel één of elk van beide partijen door een positieve wilsdaad het huwelijk zelf uitsluit, of een of ander wezenlijk element van het huwelijk, of een of andere wezenlijke eigenschap, sluit zij het huwelijk ongeldig".

Juist in deze norm zien wij een groot verschil met CIC 1917 canon 1086 § 2 waarin gesteld wordt: "Indien evenwel één of elk van beide partijen door een positieve wilsdaad het huwelijk zelf uitsluit, of het gehele recht op de huwelijksdaad, of een of andere wezenlijke eigenschap van het huwelijk, sluit zij het huwelijk ongeldig".

We gaan voorbij aan de uitsluiting van het huwelijk zelf, dus de totale simulatie, daar deze in de beide Codices gelijk is. Het nieuw huwelijksconcept is herkenbaar in de partiële simulatie van de consensus, waar gesproken wordt over uitsluiting "van een of ander wezenlijk element". Zapp is van mening dat deze woorden corresponderen met de "wezenlijke verplichtingen van het huwelijk", welke worden genoemd in canon 1095, 3°. Gezien de wezensbepaling van algehele levensgemeenschap als onder andere gericht op "het welzijn van de echtgenoten" (canon 1055 § 1), kan de partiële simulatie van canon 1101 § 2 wat betreft "een of ander wezenlijk element" niet worden beperkt tot de uitsluiting van "het gehele recht op de huwelijksdaad" van CIC 1917 canon 1086 § 2[41]. Evenals Zapp, is Lüdicke van mening dat de nadere interpretatie van "een of ander wezenlijk element van het huwelijk" door de rechtspraak moet worden gegeven. Toch noemt de laatste collega een reeks van interpretaties die door de rechtsleer reeds worden gegeven, zoals het recht op algehele levensgemeenschap, het recht op een menswaardig huwelijksleven, het recht op nakomelingschap of op natuurgetrouw huwelijksverkeer[42].

Voor de huwelijksrechtspraak is belangrijk de bepaling van canon 1680: "In zaken betreffende impotentie of gebrek in de consensus dient de rechter van de hulp van een of meerdere deskundige gebruik te maken, tenzij deze uit de omstandigheden duidelijk van geen nut lijkt".

Daarbij blijft staan, dat de beslissing uiteindelijk een canoniekrechtelijke zaak is en niet de bevoegdheid van de deskundigen; het komt aan de rechters toe vast te stellen of de psychische onbekwaamheid bewezen is of niet, overeenkomstig het adagium *Iudex in iudiciis est peritorum peritus*.

[41] ZAPP, H., *o.c.*, 160-162.
[42] LÜDICKE, K., *MK*, canon 1101, randnummer 9c.

De consequenties van de nieuwe huwelijksvisie in het Wetboek zijn dus met name herkenbaar in de nieuwe canon 1095, 2° en 3° over de psychische onbekwaamheid en canon 1101 § 2 over de partiële simulatie wat betreft de uitsluiting van "een of ander wezenlijk element van het huwelijk". Maar de nieuwe huwelijksvisie dient ook als achtergrond te worden gezien van andere canones, zoals van de canon 1086 § 1-3 en canones 1124-1129 over het huwelijk van een katholiek met een niet-katholiek. Hoewel in het *Directorium Oecumenicum* 1993 de term *totius vitae consortium* niet wordt vermeld, wordt duidelijk melding gemaakt van de eigen problemen die een confessioneel huwelijk ondervindt[43].

3.2. Consequenties die nog in discussie zijn.

Het huwelijksrecht van de CIC 1983 beoogt de canoniekrechtelijke vertaling te zijn van de conciliaire huwelijksvisie. Deze vertaling is niet geheel onproblematisch.

1. In canon 1055 § 1-2 worden drie termen gebruikt "huwelijksverbond", "huwelijkssacrament" en "huwelijkscontract". Volgens canon 1055 § 1 vormen man en vrouw door het huwelijksverbond een algehele levensgemeenschap, en is het huwelijksverbond een sacrament bij een huwelijk tussen gedoopten. In canon 1055 § 2 wordt bepaald dat contract en sacrament identiek zijn. De vraag is dan, of huwelijksverbond en huwelijkscontract identiek zijn. Als ze identiek zijn, vraagt de canonistiek zich af waarom onderscheiden begrippen worden gebruikt.

2. Een ander probleem is de spanning tussen het procesmatig gebeuren dat de opbouw van een algehele levensgemeenschap is, en het punctueel gebeuren dat een contract is. Anders geformuleerd: in hoeverre kan het personalistisch huwelijksconcept dat in de CIC 1983 binnen het bestaande contractsmodel wordt opgenomen, nog personalistisch blijven? Het is de spanning tussen het *matrimonium in fieri* (contract) en het *matrimonium in facto esse* (algehele levensgemeenschap).

3. Een volgend probleem is de relatie tussen *vinculum matrimoniale* (huwelijksband)[44] en *foedus matrimoniale* (huwelijksverbond). Het lijkt evident: volgens canon 1134 ontstaat uit een geldig huwelijk een eeuwige en exclusieve band, en volgens canon 1055 § 1 vormen man en vrouw door het huwelijksverbond een algehele levensgemeenschap. *Vinculum* en *foedus* lijken op elkaar maar zijn dus niet identiek. Indien echtgenoten niet meer in staat zijn een algehele levensgemeenschap te vormen, is het

[43] Directorium Oecumenicum, n.144 in *KD 1-2-1*, 21 (1993), n. 7.
[44] Zie canones 1041, 3°; 1085 § 1; 1134; titels boven canones 1141 en 1151.

huwelijksverbond wel nog aanwezig, omdat het onherroepelijk is (canon 1057 § 2), maar is het niet meer effectief, zodat enkel een eeuwige en exclusieve band overblijft. Dit hangt ten nauwste samen met de onontbindbaarheid van canon 1056. Hier zien wij opnieuw een gevolg van de keuze van CIC 1983 om het personalistisch concept van GS op te nemen in het contractsmodel van CIC 1917. Canon 1134 van CIC 1983 is de letterlijke overname van canon 1110 van CIC 1917, waarin het contractsmodel allesbepalend was. In canon 1134 wordt immers niet gezegd dat uit een huwelijksverbond een eeuwige en exclusieve band ontstaat. Binnen de contractuele visie van CIC 1917 was het begrijpelijk dat er een *separatio tori, mensae et habitationis* (scheiding van bed, tafel en woning) mogelijk was terwijl de huwelijksband bleef bestaan (CIC 1917 canones 1128-1132). In CIC 1983 canones 1151-1155 is de terminologie gewijzigd: *separatio manente vinculo* (scheiding met behoud van de huwelijksband), het juridisch instituut is echter gelijk gebleven. De vraag is hoe dit instituut binnen het personalistisch concept te plaatsen is.

4. Ook Lüdecke komt in zijn proefschrift tot de conclusie dat weliswaar getracht is de conciliaire huwelijksvisie in de CIC 1983 op te nemen, maar dat dit slechts gedeeltelijk gelukt is. Hij laat dit zien aan de hand van het consensusbegrip en van de interpretatie van het begrip "welzijn van de echtgenoten"; tevens door te wijzen op de incongruentie bij de interpretatie van de *tria bona Augustini* (*bonum prolis, bonum fidei, bonum sacramenti*) en aan de hand van de regelgeving over de partiële simulatie. Hij ziet hier relicten uit het preconciliair contractueel-procreatieve huwelijksconcept[45]. Dat de CIC 1983 het huwelijksconcept van GS niet volledig heeft opgenomen, wordt volgens hem manifest uit de handhaving c.q. opname van de bepalingen inzake de impotentie (canon 1084)[46], de huwelijkssluiting onder voorwaarde (canon 1102) en de huwelijkssluiting door gevolmachtigde (canones 1104-1105).

Tenslotte

Het canoniek huwelijksrecht heeft na de CIC 1917 via de pastorale constitutie GS van Vaticanum II een enorme verandering doorgemaakt. Deze heeft gedeeltelijk haar neerslag gevonden in de CIC 1983 en de

[45] LÜDECKE, K., *o.c.*, 930-947.

[46] *Idem*, 948-978, hoewel Lüdicke in zijn waarderende en kritische recensie op dit proefschrift terecht opmerkt dat de mening van Lüdecke over de impotentie niet houdbaar is. Zie LÜDICKE, K., *Theologische Revue*, 86 (1990), nr.4, 318-327, hier 325-326.

CCEO. Sommige vragen zijn nog niet beantwoord. Het is een zeer delicate taak om het huwelijksrecht van onze Kerk in alle opzichten in overeenstemming te brengen met het conciliair huwelijksconcept, daar de bescherming van de onontbindbaarheid van het huwelijk ermee gemoeid is.

DE HUWELIJKSVISIE VAN CORMAC BURKE

R. TORFS

I. INLEIDING

Tot voor kort leefde in canonieke rechtspraak en rechtsleer de overtuiging dat het kerkelijk huwelijk er sinds Vaticanum II en de CIC 1983 helemaal anders uitziet dan voorheen. Centraal punt daarbij is de glorieuze intrede van de algehele levensgemeenschap, de *totius vitae consortium*. Dit begrip treft men niet alleen in de huwelijksdefinitie van canon 1055 § 1 aan, alles wees erop dat het ook in het systeem als geheel voortaan een eminente rol zou spelen. Deze constatatie leidde niet zelden tot lichte euforie in het canonieke wereldje, waar enige bevlogenheid en wat gecontroleerde extase bij het evalueren en juridisch vertalen van nieuwe theologische denkbeelden overigens ook in het algemeen niet uitzonderlijk zijn.

Maar ineens sloeg de sfeer om, sinds zowat de tweede helft van de tachtiger jaren. Paus Johannes-Paulus II waarschuwde herhaaldelijk tegen een al te gladde nietigverklaringspraktijk. En ook in de Romeinse Rota zelf stonden mensen op die tekenden voor een rigoureuzer rechtspraak. Voortrekker in deze was en is ongetwijfeld de Ierse Rota-auditeur Cormac Burke, briljant canonist en rechtlijnig denker, lid van het Opus Dei maar ook binnen de prelatuur niet alleen maar geprezen naar aanleiding van zijn ideeën over huwelijksrecht. Cormac Burke verspreidt zijn gedachtengoed op een bijzonder intensieve wijze. Niet alleen zijn er de decisiones van de Rota waar hij ponens is[1], bovendien schrijft hij in vrijwel alle belangrijke canonieke tijdschriften artikelen om zijn standpunten op een meer systematische wijze uiteen te zetten[2]. Deze opvallende

[1] Voor deze studie maakte ik gebruik van SRR coram Burke, 23 juni 1987, *Decisiones*, 1987, LXXIX, 393-397; SRR coram Burke, 5 november 1987, *Decisiones*, 1987, LXXIX, 617-621; SRR coram Burke, 2 december 1987, *Decisiones*, 1987, LXXIX, 711-717; SRR coram Burke, 16 december 1987, *Decisiones*, 1987, LXXIX, 733-739; SRR coram Burke, 16 november 1989, *ME*, 1990, 270-273 (deze uitspraak handelt over procedure); SRR coram Burke, 25 oktober 1990, *ME*, 1991, 565-574; SRR coram Burke, 15 november 1990, *ME*, 1991, 405-416; SRR coram Burke, 13 juni 1991, *ME*, 1991, 512-521.

[2] Hoewel Cormac Burke nog meer schreef, las ik voor deze studie volgende bijdragen van de Ierse rota-auditeur: "The *Bonum Coniugum* and the *Bonum Prolis*. Ends or Properties of Marriage?", *J*, 1989, 704-713; "Matrimonial Consent and the 'Bonum Prolis'",

techniek, waarbij één en dezelfde persoon een hoofdrol vertolkt op het vlak van rechtspraak en rechtsleer, blijft in het profane recht zeer uitzonderlijk, maar komt in canonieke kringen wel meer voor. Men denke bijvoorbeeld aan José Maria Serrano-Ruiz in de zeventiger jaren, die eenzelfde techniek gebruikte om inhoudelijk totaal andere ideeën uit te dragen. In elk geval is het een werkwijze die een mogelijk tekort aan onderzoeksmateriaal bijzonder doeltreffend opvangt.

In deze bijdrage wil ik even stil staan bij de invloed van Cormac Burke op het canonieke huwelijk als levensgemeenschap. Eerst memoreer ik heel kort hoe de voorstanders van de nieuwe, door Vaticanum II geïnspireerde, huwelijksvisie, het pleit leken te hebben gewonnen. Dan licht ik de consequenties daarvan toe op het systeem in zijn geheel. Dat Cormac Burke deze consequenties niet welgevallig is, moge in een daarop volgend titeltje blijken. Daarna wordt geschetst wat de zwaartepunten en gevolgen van Burkes eigen constructie zijn. Tenslotte plaats ik enkele kritische kanttekeningen, uiteraard in overeenstemming met canon 212 § 3 en dus met inachtneming van de eerbied jegens de gewijde herder die Cormac Burke hoe dan ook is.

II. Het schijnbare succesverhaal van de levensgemeenschap

In de post-conciliaire periode bestond er een tendens om de levensgemeenschap juridisch operationeel te maken. Deze tendens was zowel in de rechtspraak als de rechtsleer duidelijk aanwezig.

Het is de jurisprudentie die de eerste impulsen heeft gegeven, en ik denk dan vooral aan de rota-auditeurs Lucien Anné[3] en José Maria Serrano-Ruiz[4].

ME, 1989, 397-404; “Procreativity and the Conjugal Self-Gift”, *SC*, 1990, 43-49; “Riflessioni sul canone 1095”, *IDE*, 1991, 406-427; “Some Reflections on Canon 1095”, *ME*, 1992, 133-150.

[3] Zie bv. SRR coram Anné, 25 februari 1969, *Decisiones*, 1969, LXI, 174-192; *EIC*, 1970, 419-442; SRR coram Anné, 22 juli 1969, *Decisiones*, 1969, LXI, 863-872; *IC*, 1975, 287-292; SRR coram Anné, 26 januari 1971, *Decisiones*, 1971, LXIII, 66-77; *IDE*, 1972, 3-7; SRR coram Anné, 26 oktober 1972, *Decisiones*, 1972, LXIV, 628-641; *EIC*, 1973, 109-117; SRR coram Anné, 6 februari 1973, *Decisiones*, 1973, LXV, 63-71; *IDE*, 1974, 3-7; SRR coram Anné, 4 december 1975, *Decisiones*, 1975, LXVII, 685-706; *EIC*, 1977, 169-184.

[4] Zie bv. SRR coram Serrano Ruiz, 5 april 1973, *Decisiones*, 1973, LXV, 322-343; *REDC*, 1974, 107-128; SRR coram Serrano Ruiz, 30 april 1974, *Decisiones*, 1974, LXVI, 304-321; *EIC*, 1975, 191-202; SRR coram Serrano Ruiz, 21 mei 1976, *Decisiones*, 1976, LXVIII, 308-327; *ME*, 1977, 363-381 (met verkeerde datum); SRR coram Serrano Ruiz, 9 mei 1980, *Decisiones*, 1980, LXXII, 333-356; *ME*, 1981, 167-189; SRR coram Serrano Ruiz, 7 november 1980, *ME*, 1981, 154-166.

Al in zijn decisio van 25 februari 1969 stelt Anné dat het formeel object van de huwelijkstoestemming, door canon 1081 § 2 CIC 1917 gezien als een recht op het lichaam, blijvend en exclusief, moet worden aangevuld met de leer van *Gaudium et Spes*. Dit betekent dat het recht op levensgemeenschap op het ogenblik van de huwelijkssluiting een bestanddeel moet zijn van de consensus. Anné aanvaardt dat binnen het huwelijk aan de levensgemeenschap heel wat kan schorten. Maar het recht erop mag nooit afwezig blijven[5]. Wel is het zo dat Anné het behoorlijk moeilijk heeft wanneer hij in verschillende van zijn decisiones uit de zeventiger jaren de inhoud van deze levensgemeenschap concreet gestalte poogt te geven.

Serrano Ruiz'denken ligt in dezelfde lijn. Hij beschouwt de levensgemeenschap als een juridisch bestanddeel van het huwelijk en meer nog dan Anné belicht hij het interpersonele karakter van dat laatste. Hoe die levensgemeenschap er concreet moet uit zien, geeft ook Serrano niet glashelder aan, ondanks de creatieve manier waarop hij met sociologie, antropologie en psychiatrie weet om te gaan[6].

Niet alleen de jurisprudentie, ook de rechtsleer is druk bezig met het begrip levensgemeenschap. Bekend — onder meer wegens de zware kritiek waar zij steevast op kan rekenen — is de benadering van de Canadees Germain Lesage gebleven. Deze auteur rafelde het begrip levensgemeenschap uiteen tot een reeks van vijftien bestanddelen. Hun afwezigheid *to a vital degree* zou de partner het recht op levensgemeenschap, een essentieel recht van het huwelijk, onthouden[7].

Maar er zijn ook andere, binnen een canoniek milieu meer realistische, theorieën zoals die van Ombretta Fumagalli Carulli. Zij verwijdert de drie traditionele *bona*, die staan voor voortplanting, eenheid en onontbindbaarheid, uit het begrip levensgemeenschap. Ze identificeert die levensgemeenschap daarentegen met het element "liefde", dat ze in de betekenis van "affectie" hanteert, en vervolgens uitbreidt tot de wederzijdse aanvulling en de interpersonele relatie die uit verschillende aspecten bestaat. De uitsluiting van één aspect leidt al tot *simulatio partialis*[8].

[5] SRR coram Anné, 25 februari 1969, *EIC*, 1970, 429-430. Voor meer details, zie Torfs, R., *Het huwelijk als levensgemeenschap. Een kerkrechtelijke benadering*, Leuven/ Amersfoort, Acco, 1990, 69 e.v.

[6] Zie TORFS, R., *o.c.*, 71-75.

[7] Lesage, G., "The Consortium Vitae Conjugalis: Nature and Applications", *SC*, 1972, 99-113.

[8] FUMAGALLI CARULLI, O., *Il matrimmonio canonico dopo il Concilio*, Milaan, Giuffré, 1978, 164 e.v.

Dit betekent dus dat, ook als geen van de traditionele *tria bona* wordt uitgesloten, het huwelijk om andere redenen, te weten wegens uitsluiting van het recht op levensgemeenschap, ongeldig kan zijn met als nietigheidsgrond *simulatio partialis*. Fumagalli Carulli haalt zelf twee voorbeelden aan, namelijk het huwelijk van een man die trouwt met de uitsluitende bedoeling zijn echtgenote te doen lijden en het huwelijk van een man met als enige bedoeling kinderen te hebben die zijn naam dragen, terwijl hij voor zijn vrouw niet de geringste belangstelling vertoont. De juridische relevantie van de levensgemeenschap is dus, onder meer bij Fumagalli Carulli maar ook bij anderen, heel reëel.

Waren er dan geen tegenstanders van deze gedachte? Zeer zeker wel. Zo waren er onder andere twee beslissingen van de Apostolische Signatuur coram Staffa[9] en een overigens voortreffelijke artikelenreeks van Urbano Navarrete[10] — met voortreffelijk bedoel ik dan vooral voortreffelijk in intrinsieke zin eens men de premissen aanvaardt. Maar men had ook kunnen aannemen — eerder naïeve canonisten zoals ikzelf hebben dat gedaan[11] — dat de juridische relevantie van de levensgemeenschap niet langer op een geloofwaardige manier kon worden bestreden nu zij met alle eerbetuigingen aan haar rang verschuldigd in de CIC 1983 een plaats heeft gekregen. Of, anders uitgedrukt: na Vaticanum II maar zonder CIC 1983 kon men nog argumenteren dat *Gaudium et Spes* althans juridisch niets nieuws had gebracht, geen concrete consequenties had. Na de afkondiging van het nieuwe wetboek leek dit even een onhoudbare stelling. Echter: Burke toont inmiddels nadrukkelijk het voorbarige van dit besluit aan. Maar alvorens meer concreet over deze rota-auditeur te handelen, wil ik toch even ingaan op één bepaalde, drastische consequentie die de juridische valorisatie van de levensgemeenschap met zich brengt. Deze consequentie is ook Cormac Burke niet ontgaan en fungeert naar mijn smaak als katalysator om zijn theorieën plausibel te maken. Ik heb het dan over de verstrenging van de eisen om tot een geldig huwelijk te komen.

III. Strengere eisen voor een geldige consensus

De juridisch relevante levensgemeenschap dient te worden gesitueerd in het algemeen kader van het kerkelijk huwelijksrecht. Dat laatste wordt

[9] Apostolische Signatuur, coram Staffa, 5 december 1972, *Per*, 1973, 567-580; Apostolische Signatuur, coram Staffa, 29 november 1975, *Ap*, 1976, 31-48; *Per*, 1977, 297-325.

[10] Navarrete, U., "Structura juridica matrimonii secundum Concilium Vaticanum II", *Per*, 1967, 357-383; 554-578; 1968, 131-167; 169-216.

[11] Zie Torfs, R., o.c., o.m. 75.

nog steeds gekenmerkt door de regel dat het huwelijk door een contract tot stand komt. Gelijk welke bepaling die enige juridische relevantie beoogt, moet die relevantie waarmaken op het moment waarop het contract tot stand komt, waarop de initiële consensus plaatsvindt. De om die reden noodzakelijke inpassing van de levensgemeenschap in het contractsdenken dat aan het canonieke huwelijksrecht als systeem ten grondslag ligt, leidt tot een contract waarbij de eisen om tot een geldige consensus te komen, bijzonder hoog liggen. Het recht op levensgemeenschap mag niet bewust of uit onvermogen ontbreken als voorwerp van de huwelijksconsensus wanneer deze laatste tot stand komt[12]. Het is duidelijk dat dit niet altijd eenvoudig zal zijn, er wordt hier een vereiste naar voren geschoven die onder meer kwalitatieve kenmerken vertoont, wat zowel strikt inhoudelijk als op het terrein van de bewijslast problemen oproept.

Cormac Burke is zich van deze nieuwe wending ten volle bewust. Hij stelt droogjes vast dat er de laatste decennia duidelijk tendensen aanwezig zijn die in de richting wijzen van een verhoging van de vereisten om tot een geldige consensus te komen, wat uiteraard ook leidt tot een stijging van de motieven die tot een *incapacitas* om toestemming te verlenen, kunnen leiden[13]. Wordt het huwelijk op die manier geen elitaire bezigheid, nog slechts toegankelijk voor personen die aan hoge morele en menselijke eisen voldoen? Dat is alvast een gedachte die Burke niet voor zijn rekening wil nemen. Hij vat zijn verzet samen in één enkele zin, waar hij schrijft: "Als men het huwelijk beschouwt als één van de meest natuurlijke instellingen, dan is een onvermogen om de huwelijks-toestemming te geven voor een volwassene met voldoende gebruik van het verstand, een hoogst onnatuurlijk verschijnsel". Het is in dat licht evident, dat een sfeer waarin abnormaal gedrag bijna een normaal verschijnsel is, als hoogst abnormaal dient te worden beschouwd. In zijn kruistocht tegen een al te verregaande proliferatie van het begrip "abnormaliteit" en de daarmee gepaard gaande massale praktijk van nietigverklaringen, voelt Burke zich duidelijk gesterkt door de bekende toespraken van paus Johannes Paulus II tot de Romeinse Rota in 1987 en 1988[14]. Het onderscheid tussen wat moeilijk en wat echt onmogelijk is, dient zeer helder te worden gehouden.

[12] Voor een nadere uitwerking van deze gedachte, zie TORFS, R., "Analyse van het kerkelijk rechtssysteem aangaande ontbinding en nietigheid van het huwelijk", in HUIZING, P.J. en Hageman, M.J.M., *Wat God verbonden heeft... Beschouwingen over huwelijk, echtscheiding en kerkrecht*, Nijmegen/Baarn, Katholiek Studiecentrum/Arbor, 1991, 71-98.

[13] Zie bv. Burke, C., "Riflessioni...", *IDE*, 1991, 406 en BURKE, C., "Some Reflections...", *SC*, 1992, 133, maar ook SRR coram Burke, 13 juni 1991, *ME*, 1992, 513, nr. 4.

[14] BURKE, C., "Some Reflections...", *SC*, 1992, 133. Deze zin is — in het Engels dan — het krachtige startschot waarmee Burke zijn bijdrage opent.

En verder is het van groot belang goed na te denken over wat "normaal" is in echtelijke relaties. De vraag is niet gemakkelijk, aldus Burke. De Ierse canonist neemt ter gelegenheid hiervan de niet-christelijke antropologie en psychologie op de korrel, die op dit terrein een "norm" formuleren die voor de christelijke antropologie slechts als een ideaal kan dienen. Zo'n ideaal verdient het te worden nagestreefd, maar wordt in de praktijk zelden ten volle gerealiseerd.

Deze vaststelling brengt Burke in verband met wat de paus zei tijdens zijn toespraak tot de Romeinse Rota in 1988. Volgens Johannes Paulus II dient, voor de canonist, het begrip normaliteit ook het kampen met vormen van psychologische problemen in te sluiten. Men dient immers een integrale visie op de mens te bezitten. Heeft men die niet, dan groeit normaliteit op theoretisch niveau niet zelden uit tot een mythe. En op praktisch vlak leidt zulks ertoe dat aan de meerderheid van de mensen de mogelijkheid wordt ontzegd geldig hun huwelijkstoestemming te geven, aldus nog steeds de paus, instemmend geciteerd door Cormac Burke[15].

Naar mijn gevoel zitten we hier bij de vrijwel steeds identieke invalshoek van Cormac Burkes benaderingswijze: te hoge toegangsvereisten dreigen het huwelijk buiten het bereik van de gewone man te brengen. En men kan bezwaarlijk beweren dat zijn argumentatie van iedere grond gespeend is. De juridische valorisatie van de levensgemeenschap, althans zoals ze boven werd omschreven, zoals Anné ze beschrijft of Serrano of Fumagalli Carulli, leidt in ieder geval tot een verstrenging van de vereisten om tot een geldige huwelijksconsensus te komen, ook al blijft men rigoureus in de beoordeling van het bewijsmateriaal en tracht men canon 1060 die zegt dat het huwelijk rechtsbegunstiging geniet, ten zeerste au sérieux te nemen. Meteen wordt duidelijk wat, bij Burkes canonieke arbeid, het centrale punt zal zijn: hoe kan de levensgemeenschap kerkjuridisch zó worden ingevuld, dat het huwelijk bereikbaar blijft voor de gemiddelde mens? Deze vraag onderzoek ik in het volgende titeltje, maar eerst toch even een kanttekening.

Wanneer Burke pleit voor een ruime toegankelijkheid tot het huwelijk, lijkt hij het op te nemen voor de niet altijd even aantrekkelijke gemiddelde mens, die weliswaar een heel eind van het ideaalbeeld van het huwelijk verwijderd blijft, maar die inmiddels toch het recht moet hebben geldig te trouwen. Enigszins summier uitgedrukt: wat Burke verdedigt, is precies het recht op huwelijk van deze minder aantrekkelijke mens. De ironie van het lot wil nu echter, dat de Ierse canonist deze

[15] Deze toespraken leest men in *AAS*, 1987, 1457 en in *AAS*, 1988, 1181.

verdedigingsrede afsteekt precies op een ogenblik waarop deze minder aantrekkelijke mens zelf van een eerder huwelijk af poogt te raken. Hij zal doorgaans een nietigverklaring verlangen, geen betoog ten voordele van zijn vroegere, inhoudelijk mediocere huwelijk. De geldigheid van dat eerste huwelijk betekent immers, paradoxaal genoeg, dat een kerkelijk huwelijk voor hem in de toekomst niet meer mogelijk zal zijn. Burke staat dus maar vanuit één, zeer wel bepaalde, invalshoek aan de kant van de onvolmaakte mens. Het geschenk dat hij hem aanbiedt heeft alleszins pastoraal niet zo'n heel verfrissende uitwerking. Misschien gaat het wel om een geschenk dat aanleiding geeft tot de gedachte dat het gemakkelijker is te geven dan te krijgen.

IV. Concrete invulling van de levensgemeenschap

Terug naar de concrete werkwijze van Burke. Hoe slaagt hij erin, met de CIC 1983 als uitgangspunt, het huwelijk als een democratisch instituut te handhaven? Vooral naar aanleiding van canon 1095,3° en het onvermogen ten aanzien van het op zich nemen van de huwelijksverplichtingen zal het probleem zich in alle scherpte stellen.

In een van zijn artikels zet Burke canon 1095 in zijn geheel al dadelijk in een stringent kader wanneer hij stelt dat om tot onvermogen te kunnen besluiten aan twee voorwaarden dient te worden voldaan:

a) Onvermogen is alleen juridisch relevant met betrekking tot essentiële rechten en plichten in verband met het huwelijk.
b) Onvermogen — althans voor zover het niet op de afwezigheid van voldoende gebruik van het verstand wijst — moet een ernstige pathologische oorzaak hebben[16].

Laten we eerst even op de eerste vereiste inzoemen. Onvermogen moet er zijn met betrekking tot de essentiële rechten en plichten. Men ziet hier al onmiddellijk een potentieel gevaar: indien aan de levensgemeenschap op dit vlak een rol wordt toebedeeld, zal zij hoe dan ook een plaats van betekenis in het nietighedensysteem gaan innemen. Maar Burke slaagt erin deze mogelijke opening te vermijden. Naar zijn gevoel kan de essentiële juridische minimuminhoud van de rechten en plichten worden geïdentificeerd met de *tria bona* van Augustinus[17], waarbij hij zich overigens ook op Rotarechtspraak coram Pinto, coram Pompedda

[16] SRR coram Burke, 13 juni 1991, *ME*, 1991, 513, nr. 3.
[17] Burke, C., "Some Reflections...", *SC*, 1992, 133.

en coram Davino beroept[18]. Het huwelijk, zo betoogt Cormac Burke, kan niet tot stand komen zonder een basisbegrip van en vrije overeenstemming over wat fundamenteel in de drie *bona* besloten ligt, of zonder de mogelijkheid de inhoud ervan op zich te nemen[19]. Iemand is dus onbekwaam om een huwelijk te sluiten wanneer hij de rechten en plichten in verband met (a) trouw aan één partner, (b) participatie aan echtelijke voortplanting en (c) permanentie van de huwelijksband niet minimaal kan inschatten of uitvoeren. Kan hij dat wel, dan is er verder — althans op het terrein van canon 1095 — geen probleem.

Al met al stelt Burke strenge eisen. Hij wijst de rechtspraak zoals Anné en Serrano Ruiz die vestigden, of een theorie uit de doctrine zoals die van Fumagalli Carulli, af: de levensgemeenschap krijgt geen afzonderlijke juridische relevantie. De man die uitsluitend trouwde om zijn echtgenote te doen lijden of om zijn naam te bestendigen — dat waren de twee voorbeelden van Fumagalli Carulli — huwt in die logica geldig. Anné en Serrano Ruiz bekritiseert Burke zelfs expliciet.

De verwachtingen die Anné in zijn sententie van 25 februari 1969 wekte en waarbij de juridische relevantie van het recht op levensgemeenschap uitdrukkelijk werd geformuleerd, kan volgens Burke niet worden waargemaakt omdat Anné een begrip invoert dat geen inhoud kan hebben[20]. Burkes redenering is simpel: "What is essential in the consortium is conjugality; and what is essential in conjugality is covered by the bona"[21]. Uiteraard speelt de boven beschreven aarzeling die Anné voelde toen hij het recht op levensgemeenschap nader diende in te vullen, in de kaart van de theorie van Burke.

[18] Zie bv. SRR coram Burke, 2 december 1987, *Decisiones*, 1987, LXXXIX, p. 715, nr. 9; SRR coram Burke, 13 juni 1991, *ME*, 1992, p. 514, nr. 5; BURKE, C., "Some Reflections...", *ME*, 1992, 134; BURKE, C., "Riflessioni...", *IDE*, 1991, 409; BURKE, C., "The Essential...", *SC*, 1992, 385-386.

[19] Burke verwijst daarbij meestal naar zeer concrete passages. Zie bv. SRR coram Pinto, 8 juli 1974, *Decisiones*, 1974, LXVI, 501; SRR coram Pompedda, 3 juli 1979, *Decisiones*, 1979, LXXI, 388. De passage die Burke daar aanhaalt overtuigt mij overigens niet helemaal; "Non quivis defectus aequilibrii vel maturitatis sufficit ad inducendans matrimonialis consensus nullitatem: istam inducere tantummodo valet defectus talis qui contrahentem efficiat incapacem liberae electionis vel adsumendi onera essentialia atque in specie tria connubii bona". Sluit *atque in specie* een andere inhoud buiten de *tria bona* wel helemaal uit?; SRR coram Davino, 19 februari 1981, *Decisiones*, 1981, LXXIII, 95.

[20] In "The Essential...", *SC*, 1992, 385 haalt Burke, om te bewijzen dat de essentiële verplichtingen af te leiden zijn van de drie *bona*, een citaat uit een Rota-arrest coram Felici van 18 januari 1955 aan waarin deze laatste de drie *bona* als "inter essentialia matrimonii" beschrijft. Dat lijkt mij een heel wat minder restrictieve houding dan die van Burke, die nochtans Felici ter staving van zijn eigen positie aanhaalt.

[21] BURKE, C., "The Essential...", *SC*, 1992, 389.

Ook Serrano Ruiz moet het ontgelden. Burke verwijt Serrano dat hij de wagen voor de paarden spant. Ook in een recent artikel[22] blijft deze laatste immers volhouden dat de interpersonele huwelijksrelatie ontologisch voorafgaat aan de kenmerken en eigenschappen — de *bona* — die het nader kwalificeren. Is er geen interpersoonlijke relatie dan heeft het, in de lijn van Serrano Ruiz, geen zin om over de drie *bona* te spreken, zij zouden dan immers eigenschappen zijn van een onbestaand iets. Burke ziet het echter helemaal anders. De interpersonele huwelijksrelatie heeft volgens hem geen autonoom bestaan onafhankelijk van de *bona*. Ze bestaat zeker niet het eerst. Het zijn integendeel de drie *bona* die de interpersoonlijke relatie definiëren en haar substantie verlenen[23].

Deze discussie tussen Burke en Serrano Ruiz is natuurlijk heel wat meer dan een theoretisch onderonsje tussen van canoniek recht bezeten rota-auditeurs. Als Burke een voorafbestaande relationele realiteit zou erkennen, komt er voor de levensgemeenschap een juridisch speelveld vrij dat buiten de *tria bona* ligt. Dat moet absoluut worden vermeden, want de juridische relevantie van de levensgemeenschap leidt tot zwaardere consensusvereisten en de moeilijkere toegankelijkheid van het huwelijk. En zoals al vermeld is Burke daar een tegenstander van.

Burke vergemakkelijkt de toegang tot het huwelijk trouwens nog via de tweede voorwaarde die hij met betrekking tot de toepassing van canon 1095 noodzakelijk acht en die ik bij deze even weer in beeld breng: het onvermogen moet een ernstige pathologische oorzaak hebben. Deze ernst mag niet op zichzelf worden bekeken, doch dient in betrekking te worden gebracht met de essentiële verplichtingen van het huwelijk[24]. Wat dit concreet zoal betekent, geeft Burke aan de hand van een voorbeeld aan. Een man kan het diepe paranoïde gevoelen hebben dat hij wordt geëxploiteerd door allerlei figuren die niets met zijn huwelijksleven te maken hebben. Hij meent bijvoorbeeld dat zakelijke partners of concurrenten hem de das willen omdoen. Dat alles kan bijzonder vervelend worden voor zijn vrouw, althans indien hij haar met zijn angsten lastig valt. Maar dit gedragspatroon slaat geenszins op een essentiële verplichting van het huwelijk. Dat laatste is dus geldig, zoals het ook bijvoorbeeld geldig is bij dwangmatig gedrag, narcisme, lichte hysterie...[25]. Zolang de *tria bona* door deze vormen van afwijkend gedrag maar niet op de helling komen te staan.

[22] BURKE, C., "The Essential...", *SC*, 1992, 388.

[23] SERRANO RUIZ, J.M., "La consideración existencial del matrimonio en las causas canónicas de nulidad por incapacidad psíquica", *Angelicum*, 1991, 177.

[24] BURKE, C., "The Essential...", *SC*, 1992, 397.

[25] BURKE, C., "The Essential...", *SC*, 1992, 386.

Tot daar de wijze waarop Burke het speelveld van canon 1095 verkleint en, in aansluiting daarmee, het recht op huwelijk voor de gemiddelde mens vrijwaart. Hij doet dat juridisch keurig aan de hand van een zorgvuldige omschrijving van de essentiële rechten en plichten en een grondige reflectie over de ernstige pathologische oorzaak waarop het onvermogen gebaseerd dient te zijn. Keurig werk zonder meer, mag dat het besluit zijn? Kan men ten aanzien van wat voorafgaat niet aanvoeren dat Burke op deze wijze zijn steentje bijdraagt tot de slingerbeweging van de geschiedenis? De ruimte die Anné en Serrano Ruiz misschien wat onbezonnen voor het recht op levensgemeenschap voorbehielden — ze kregen het begrip nadien zelf niet helemaal onder controle — perkt Cormac Burke weer in, ten voordele van de toegankelijkheid van het huwelijk. L'éternel retour des choses. Is het in wezen niet dat? Ook al gaat Burke misschien wel ver, iets te ver in zijn slingerbeweging. Als voorwerp van de huwelijksconsensus ziet hij tegenwoordig de overdracht van het procreatief vermogen in personalistische zin[26]. Wat crazy misschien. Maar anderzijds, zeilde Serrano Ruiz, op de vleugels van de humane wetenschappen, niet verder dan zuiver canoniek verantwoord was? Geldt hier niet de gedachte, vol burgerlijke geruststelling, dat de extremen elkaar in evenwicht houden? Ik las een laatste titeltje in om deze vraag negatief te beantwoorden.

V. De plaats van het recht

Een verreikende parallel tussen Cormac Burke en José Maria Serrano Ruiz zou ik aanvaardbaar hebben gevonden in de periode tussen Vaticanum II en promulgatie van de CIC 1983. Toen waren er enerzijds de conciliedocumenten, anderzijds de CIC 1917 die vaste grond verloren had. Over de juridische vertaling van het theologische gedachtengoed kon in die tijd nog naar goeddunken worden gebakkeleid. De jurisprudentiële initiatieven van Anné en Serrano Ruiz waren aardige suggesties, maar niemand diende ze te volgen. Dat deed men ook niet: Pinto volgde niet, Dino Staffa pruttelde tegen, Urbano Navarrete spande zich in om aan te tonen dat Vaticanum II de juridische positie van het huwelijk niet in een ander daglicht plaatste, wel integendeel.

Maar ondertussen is er wél een nieuw wetboek, met daarin een rol voor de *totius vitae consortium* in de huwelijksdefinitie zelf en met her en der, in een systeem dat inderdaad op het contractsdenken gestoeld blijft, flink wat verwijzingen naar verbond en levensgemeenschap. Een

[26] Burke, C., "The Essential...", *SC*, 1992, 386.

denkoefening waarbij levensgemeenschap en verbondsgedachte juridisch nauwelijks boven water komen, en daarvan brengt Cormac Burke hier een levend voorbeeld, doorbreekt een zekere plausibiliteit zoals ze door de postconciliaire jurisprudentie en rechtsleer gegroeid en door de CIC 1983 bevestigd was. Burke slaagt er inderdaad in de juridische relevantie van de levensgemeenschap weg te redeneren, hij slaagt daar bovendien in op een manier die juridisch-technisch grotendeels correct is. Maar hij kan zijn huzarenstukje alleen maar verwezenlijken door niet alleen impliciet, maar ook expliciet, een opvatting van canoniek recht te hanteren waarbij de banden met de huwelijkstheologie en het aan de wet ten grondslag liggende gedachtengoed grotendeels worden doorgeknipt. In deze tijd waarin het begrip "positivisme" klinkt als een banvloek, reïntroduceert Burke het, zonder het uiteraard die naam te geven.

Herhaaldelijk legt hij de nadruk op de juridische noodzaak om te redeneren zoals hij redeneert. Bijvoorbeeld in zijn artikel over "The Essential Obligations of Matrimony" in Studia Canonica van 1992 is dit bijzonder opvallend. Diverse malen plaatst hij recht en moraal tegenover elkaar[27]. Illustratief is een passage op p. 395: "While I hold that the personalist understanding of marriage offered especially by Vatican II and the present Pope is immensely enriching (also for the canonist), I am not so sure to what extent interpersonal theories enable us to make a deeper juridical analysis of the matrimonial institution". Achter dit schijnbaar argeloze citaat loert de positivist. Tussen theologie en recht groeit weer een kloof, ondanks het officiële succes van auteurs als Klaus Mörsdorf en Eugenio Corecco. Cormac Burke maakt het juridische huwelijk langzaam weer los uit de omstrengeling van de theologie. Het recht wordt er een stukje positivistischer op. De *mens legislatoris* wijkt voor de tekst van de wet.

Het positivisme van Burke is bovendien geen gewoon positivisme. Het is een positivisme dat pas operationeel wordt nadat de auteur in de wettekst zelf een voorafgaande evaluatie heeft gemaakt van de begrippen en rechtsregels die erin voorkomen. Een beetje in de stijl van Ladislas Örsy, die in de Codex diverse literaire genres onderscheidt. Er gaat metafysica in schuil, theologie, recht en zo verder[28]. Welnu, Burke maakt in het huwelijksrecht impliciet een onderscheid tussen bepalingen en begrippen die eerder theologisch zijn en die hij dus geen juridische relevantie toekent, zoals de levensgemeenschap, en normen en termen

[27] BURKE, C., "The Essential...", *SC*, 1992, 382, 389.
[28] BURKE, C., "The Essential...", *SC*, 1992, 380, 391, 392, 394, 395.

die wel tot de rechtssfeer behoren en die hij dan al met al vrij positivistisch interpreteert.

Ik zou willen besluiten met een stukje tragiek dat achter de intellectueel uitgebalanceerde constructies van Cormac Burke schuilgaat. Op vraag van paus Johannes Paulus II en diens beroemde toespraken uit 1987 en 1988 trekt hij ten strijde tegen te grote eisen bij de huwelijksconsensus waardoor een overdreven aantal huwelijken nietig wordt verklaard. Maar tegelijk moet Cormac Burke constateren dat hij, precies omdat hij de geldigheid van vele huwelijken wil redden, personalistische huwelijksideeën van onder meer dezelfde paus Johannes Paulus II in zijn constructie niet echt recht kan doen. Her en der probeert hij dat wel, waar hij oude begrippen personalistisch poogt te herinterpreteren. Maar dat lukt niet echt. Het recht dat de werkelijkheid noodzakelijk reduceert maar ook systematiseert, blijkt een genadeloze spiegel die contradicties reflecteert. Wil men (a) een personalistisch huwelijksbeeld en (b) een canoniek recht dat dicht bij theologie aanleunt of zelfs theologie is, dan moet men er (c) bijnemen, namelijk een verhogen van de vereisten voor de consensus, die op hun beurt resulteren in meer ongeldige huwelijken. Wie deze ijzeren logica wil doorbreken, daarvan werk wenst te maken, ontloopt de kortsluiting in de redenering niet. Cormac Burke verzoent theologisch personalisme en het recht op huwelijk door de juridische relevantie van het onderliggende theologische gedachtengoed terug te schroeven. Het resultaat is neo-positivisme, een losmaken van recht en moraal, van recht en bepaalde theologische fundamenten omwille van andere theologische opties die in het op dit ogenblik dominerende binnenkerkelijke denken belangrijker worden geacht. Het neo-positivisme als instrument van het heersende kerkelijke denken om de logica die de juridisering van de personalistische huwelijksvisie met zich brengt, te doorbreken. In al haar eenvoud kan logica bijzonder ironisch zijn...

HUWELIJKSVISIE EN PROCESRECHT

H. WARNINK

1. Huwelijksvisie en canon 1060

In de kerkelijke visie op huwelijk en bijgevolg ook in het huwelijksrecht speelt de consensus een centrale rol. De wederzijdse toestemming van de partijen is constitutief voor het huwelijk. Het huwelijk komt immers tot stand door de wettig geuite wilsinstemming; *Matrimonium facit partium consensus inter personas*[1]. De eeuwenoude consensusgedachte werd tijdens het Tweede Vaticaans Concilie opnieuw onder de aandacht gebracht[2]. Geheel in overeenstemming met de leer van *Gaudium et Spes* stelt het wetboek dat, door een daad van de wil, man en vrouw zich onherroepelijk aan elkaar schenken en elkaar aanvaarden om een huwelijk tot stand te brengen[3]. De persoonlijke daad van de huwelijksinstemming is het enige fundament waarop het huwelijk kan worden gebouwd[4].

Aan de consensus nu worden heel wat eisen gesteld. Hij wordt geacht vrij te zijn van enige deficiëntie[5]. Dwang, vrees, dwaling, list, gebrek aan oordeelsvermogen, psychische onbekwaamheid, onwetendheid, het niet aanvaarden van de eenheid en onontbindbaarheid kunnen de wilsinstemming vertroebelen, zelfs ongeldig maken.

Anderzijds wordt ervan uitgegaan dat de innerlijke consensus in overeenstemming is met de, in de huwelijksviering, uitgesproken woorden

[1] Canon 1057 § 1: "Het huwelijk komt tot stand door de wilsinstemming van de partijen, die door rechtens daartoe bekwame personen wettig geuit wordt; deze kan door geen enkele menselijke macht aangevuld worden".

[2] GS, nr. 48.

[3] Zie canon 1057 § 2.

[4] HUIZING, P., "Fundamentele problemen van de kerkelijke huwelijksorde", *Conc*, 2 (1966), deel 8, 159.

[5] TORFS, R., *Het huwelijk als levensgemeenschap. Een kerkrechtelijke benadering*, Leuven, Acco, 1990, 45: "Het hele systeem hangt — zeker in de Codex van 1917 — volkomen op aan dat ene, cruciale en allesoverheersende moment van de sluiting van het huwelijk... Maar hoewel de contractstheorie misschien in het moderne theologische denken niet zo sympathiek ligt, is de wilsovereenstemming — toch een van de hoofdelementen van het contract — in het huwelijksrecht een pijler waarop bijna het hele nietighedensysteem rust".

en gestelde tekenen[6]. Elk formeel correct, volgens de normen van het recht, gesloten huwelijk is dan ook principieel geldig. Dit wordt klaar en duidelijk onderlijnd door canon 1060: "Het huwelijk geniet rechtsbegunstiging; daarom moet bij twijfel vastgehouden worden aan de geldigheid van het huwelijk totdat het tegendeel bewezen wordt".

De rechtsbegunstiging van het huwelijk in het wetboek van 1917 werd door canonisten reeds uitvoerig becommentarieerd en verklaard. De verschillende verklaringen doen een beroep op het positieve recht, op het goddelijk recht of op de eigen aard van het recht zelf.

Volgens heel wat auteurs[7] is het vermoeden van geldigheid een algemeen rechtsprincipe dat we onder meer ook aantreffen in canon 124 § 2: "Een rechtshandeling die naar haar uiterlijke elementen op de voorgeschreven wijze gesteld is, wordt gepresumeerd geldig te zijn". Dit algemeen rechtsprincipe vindt in canon 1060 zijn toepassing op het huwelijk. Het rechtssysteem neemt bepaalde rechtsverhoudingen in bescherming wegens hun publiek en sociaal belang en tracht een evenwicht te bereiken tussen de belangen van het individu en deze van de gemeenschap. Canon 1060 wil de heiligheid en de sociale stabiliteit van het huwelijk veiligstellen. Daarom ook is het vermoeden van geldigheid van toepassing op alle huwelijken zowel van gedoopten als van ongedoopten[8]. Het vermoeden geldt dus ook voor huwelijken die later eventueel ontbonden kunnen worden, bijvoorbeeld op basis van het *privilegium Paulinum*[9].

[6] Zie canon 1101 § 1. Dit wordt echter tegengesproken vanuit de praktijk: McREAVY, L., "Canon 1014 and the Modern Attitude to Divorce", *The Clergy review*, 45 (1960), 42: "It speaks of people not having "the full Christian intention" when they marry, because they share the "public opinion" as to the dissolubility of marriage".

[7] Zie onder meer: DANEELS, L.F., *Het nieuw kerkelijk recht*, Averbode, GP-uitgaven, 1983, 12 en STAFFA, D., "De favore matrimonii et de sententia pro nullitate vinculi", *Ap*, 30 (1957), 475 m.b.t. canon 1014 CIC 1917: "...innititur ipsa rerum natura, quia qualiscumque actus praesumitur validus donec eius nullitas probetur, et dubium, etsi positivum et insolubile non est nullitatis probatio". Zie ook: VAN GROESSEN, H. en VAN VLISSINGEN, C., *Het kerkelijk recht*, Roermond/Maaseik, Romen, 1947, 539-540; MOSIEK, U., *Kirchliches Eherecht. Nachkonziliare Rechtslage und konzipierte Neufassung*, Freiburg im Breisgau, Rombach, 1979, 64-65; DOYLE, TH.P., "Title VII Marriage", in CORRIDEN, J.A., GREEN, TH.J. en HEINTSCHEL, D.E., *The Code of Canon Law. A Text and Commentary*, New York/Mahwah, Paulist Press, 1985, 744; FLATTEN, H., "Nichtigerklarung, Aflösung und Trennung der Ehe, in LISTL, J., MÜLLER, H. en SCHMITZ, H. (ed.), *Handbuch des katholischen Kirchenrechts*, Regensburg, Friedrich Pustet, 1983, 820.

[8] Nochtans is de rechtsbegunstiging die het *privilegium fidei* geniet in het recht (*favor fidei*) sterker dan de rechtsbegunstiging van het huwelijk. Dit blijkt onder meer uit de automatische ontbinding van het huwelijk van twee ongedoopten wanneer één van beiden zich laat dopen, een nieuw huwelijk sluit en de niet-gedoopte partij heengaat (canon 1143) alsook uit canon 1150.

[9] *Privilegium Paulinum*: zie canon 1148 § 1.

De rechtsbegunstiging die het huwelijk geniet in het kerkelijk recht is nauw verwant met het principe van de "onverbreekbaarheid" van het huwelijk[10]. Volgens sommige commentaren geldt de rechtsbegunstiging zowel voor de rechtsorde als voor het persoonlijk geweten. Zij verantwoorden dit als volgt. Wat de rechtsorde betreft, geldt dit vermoeden, opdat het huwelijk niet door een wilsbeslissing van de partijen zelf zou kunnen worden verbroken. In geweten dienen de echtgenoten derhalve het recht te respecteren, zelfs wanneer zij subjectief van het tegendeel overtuigd zijn[11].

Het vermoeden van geldigheid zoals we het aantreffen in canon 1060 is een "eenvoudig vermoeden", een "vermoeden *iuris tantum*". Dit betekent dat het kan worden weerlegd, weliswaar enkel door een bewijs van het tegendeel volgens de normen van het recht. De methode en de aard van deze bewijsvoering worden begrensd door procedureregels. Om de twijfel omtrent de geldigheid van het huwelijk op te heffen, ligt de bewijslast bij degene die de ongeldigheid poneert[12]. De rechtsbegunstiging geldt immers slechts zolang er twijfel over de geldigheid bestaat en vervalt samen met die twijfel.

2. *Het "bewijs" in het huwelijksproces*

In een kerkelijke procedure, die zich situeert in en beperkt tot het *forum iuridicum*, dient te worden gezocht naar een antwoord op de vraag of er al dan niet "een echte consensus" aanwezig was bij de huwelijkssluiting. Dit wekt mogelijk enige verwondering. Aan de ene kant beperkt de procedure zich noodzakelijk tot het *forum iuridicum* terwijl aan de andere kant de vereiste huwelijksconsensus zich zowel in het *forum iuridicum* als in het *forum conscientiae* laat situeren.

Onze vraagstelling betreft nu uitsluitend de procedure. Wie dus meent dat zijn huwelijk ongeldig is, dient daarvan het bewijs te leveren en weet zich daarbij gebonden door duidelijk omschreven procedureregels. Wat het aandragen van bewijzen ten voordele van de nietigheid van het

[10] Verwant aan onverbreekbaarheid: LÜDICKE, K., "Heiligungsamt: Ehe", *MK*, canon 1060 en PRADER, J., *Das kirchliche Eherecht in der seelsorglichen Praxis*, Bozen/Würzburg/Innsbruck, Athesia/Echter/Tyrolia, 1983, 48.

[11] DOYLE, TH.P., *o.c.*, 744 en NAVARRETE, U., "Indissolubilitas matrimonii rati et consummati", *Periodica de re morali canonica liturgica*, 58 (1969), 415-489; RECKERS, K.L., "De favore quo matrimonium gaudet in iure canonico", *Ephemerides Iuris Canonici*, 6 (1950), 528 e.v. en 552 verwijst hierbij uitdrukkelijk naar goddelijk recht.

[12] Canon 1674: "Bekwaam om een huwelijk te bestrijden, zijn: 1° de echtgenoten, 2° de promotor van het recht, wanneer de nietigheid reeds algemeen bekend is, indien het huwelijk niet gevalideerd kan worden of dit niet opportuun is".

huwelijk betreft, belicht ik kort de rol van drie categorieën van personen die hierin mogelijk een rol kunnen spelen, namelijk de partijen, getuigen en deskundigen.

a. Partijen

Wannneer er twijfel bestaat over de geldigheid van het huwelijk en men een nietigverklaring beoogt, moeten man of vrouw of beiden trachten te bewijzen dat het huwelijk niet geldig is. Dit is geen eenvoudige opdracht. Vooreerst is een negatief bewijs doorgaans al moeilijk te geven. Bovendien is het voeren van een kerkelijk proces voor de meeste mensen helemaal niet evident. Naast de psychologische drempel die moet worden overwonnen bij de eerste stappen naar een kerkelijke rechtbank toe, zijn ook de basisbeginselen van het kerkelijk proces hun vaak vreemd. Meestal waren ze zeer recent nog "partij" in de burgerlijke echtscheidingsprocedure met haar heel eigen technieken van schuld en gelijkhalen. Geheel anders is het doel van de kerkelijke nietigheidsprocedure waar rechters trachten de "waarheid" te achterhalen[13].

Om de waarheid beter te achterhalen zal de rechter de partijen dagvaarden en ondervragen[14]. Zij dienen de eed af te leggen om naar waarheid te spreken[15]. Bekentenissen en verklaringen van de partijen kunnen volgens het recht bewijskracht bezitten. Maar de rechter mag niet de kracht van volledig bewijs toekennen aan deze verklaringen alleen[16].

Om hun verklaringen kracht bij te zetten mogen de partijen documenten indienen die als bewijs kunnen fungeren[17]. Niemand is echter verplicht documenten in te dienen als die iemand schade zouden kunnen berokkenen of als daardoor een te bewaren geheim zou worden geschonden[18]. Zo bestaat de kans dat voor de rechter belangrijke of zelfs doorslaggevende documenten verborgen blijven.

Tenslotte is het de partijen ook toegestaan getuigen voor te dragen die hun verklaringen kunnen bevestigen[19] en zo belanden we bij de tweede categorie van personen die voor het leveren van het bewijs relevant zijn.

[13] Cf. canon 1530: de rechter moet de partij ondervragen om de waarheid beter te achterhalen.

[14] Canon 1530.

[15] Canon 1532.

[16] Canon 1536 § 1 en 2; omwille van het publiek belang dat speelt in huwelijkszaken, verkrijgt de verklaring van de partijen niet de status van "probatio optima".

[17] Canon 1539.

[18] Canon 1546 § 1.

[19] Canon 1551. De rechter dient getuigen aan te wenden over de geloofwaardigheid van de partijen zelf: canon 1679.

b. Getuigen

De rechter mag getuigen aanvaarden of zelf *ex officio* oproepen en hen ondervragen over de feiten en over de geloofwaardigheid van de partijen wanneer hij de aangevoerde bewijzen nog onvolledig acht[20]. In de lijn van het voorgaande zal dit automatisch het geval zijn indien alleen maar de partijen werden ondervraagd. Tenzij — en daar kom ik nog op terug — voor het verkrijgen van "morele zekerheid" geen "kracht van volledig bewijs" zou zijn vereist. Op grond van canon 1548 zijn de getuigen verplicht bij het beantwoorden van de vragen de waarheid te zeggen. De rechter zal hen aan deze zware verplichting herinneren en de eed laten afleggen[21].

Beroepsgeheim stelt bepaalde categorieën van getuigen vrij van de verplichting te antwoorden op de gestelde vragen[22]. Deze vrijstelling geldt ook voor getuigen die vrezen dat hun antwoord aan henzelf of bloed- of aanverwanten schade zou kunnen berokkenen[23]. Zo schept het recht hier de ruimte voor bewijzen die verborgen blijven. Bewijzen die mogelijk juist de kern raken van het geldig of ongeldig zijn van de gegeven consensus. Op deze wijze veroorzaken de procedureregels zelf reeds een zwakke plek in de bewijsvoering. Het is hierdoor immers denkbaar dat het bewijs van het tegendeel *de facto* eventueel wel bestaat maar *de iure* niet zal worden geleverd. Het meest uitdrukkelijk blijkt dit uit canon 1550 § 2, 2°. De priester mag wat hij in de sacramentele biecht vernomen heeft niet meedelen, zelfs niet als de penitent zelf om mededeling ervan heeft gevraagd. Wat bij gelegenheid van een belijdenis gehoord is "kan zelfs niet als aanwijzing voor de waarheid aangenomen worden". Hieruit lijken we te mogen afleiden dat het biechtgeheim altijd belangrijker wordt geacht dan het zoeken naar waarheid omtrent het huwelijk, ook al gaat dit ten koste van de biechteling zelf.

c. Deskundigen

Ook op deskundigen kan een beroep worden gedaan in de ongeldigheidsprocedure als dat nuttig lijkt voor het bewijs van de nietigheid van

[20] Canon 1547: het toelaten van getuigen; canon 1556: dagvaarding bij decreet; canon 1679: doel van het aanwenden van getuigen en canon 1555 § 1: kinderen minder dan 14 jaar en zwakzinnigen kunnen door de rechter gehoord worden op grond van een decreet waarin wordt verklaard dat dit wenselijk is.

[21] Zie canon 1562 § 1 en 2: wie de eed weigert af te leggen dient zonder te worden gehoord.

[22] Canon 1548 § 2, 1°.

[23] Canon 1548 § 2, 2°.

het huwelijk[24]. Voor de rechter kan het oordeel van een deskundige een toetssteen zijn voor de verklaringen van de partijen en getuigen. Het recht vermeldt uitdrukkelijk het inroepen van de hulp van deskundigen in geval van impotentie of consensusgebrek wegens geestesziekte[25]. Zo zal men dus vooral deskundigen in impotentie en psychiaters in kerkelijke procedures aantreffen. De rechter zal de besluiten van de deskundigen samen met de overige aspecten van de zaak nauwkeurig in overweging nemen[26]. De laatste jaren legt men er weer sterk de nadruk op dat de uiteindelijke verantwoordelijkheid voor de nietigverklaring nooit naar de experten mag worden toegeschoven.

Het verwerven van deskundigenverslagen kan op verschillende wijzen geschieden.

1° Men kan gebruik maken van bestaande verslagen van deskundigen. Twee hindernissen dienen hierbij te worden overwonnen. Rekening houdend met de bescherming van de *privacy* dient daartoe steeds eerst vooraf toestemming te worden bekomen van de partij waarover het deskundigenverslag zich uitspreekt. Bovendien zullen in de praktijk deskundigen op grond van hun beroepsgeheim niet vlug geneigd zijn om verslagen vrij te geven, zelfs niet als betrokken partij daartoe toestemming geeft.

2° Ten tweede bepaalt het recht dat de partijen ook zelf een deskundige kunnen aanduiden, die dan door de rechter wordt goedgekeurd om op te treden als deskundige in de kerkelijke procedure (canon 1581 § 1). In de praktijk zal de *actor* zich gemakkelijker bereid verklaren om een deskundige te raadplegen dan de tegenpartij. Zelfs als dat voor de bewijsvoering van groot belang is, kan men een partij daartoe nooit dwingen. Ook wat de beoordeling door deskundigen betreft is de kerkelijke rechter dus in hoge mate afhankelijk van de *goodwill* van de partijen en hun bereidheid tot medewerking.

3° Het recht voorziet echter een derde wijze waarop deskundigen kunnen tussenkomen in de kerkelijke procedure. De rechter maakt het volledige dossier, alle akten en documenten, over aan een deskundige die op basis hiervan een verslag maakt[27]. In een decreet bepaalt de rechter waarover het werk van de deskundige precies moet handelen[28]. De vraag even ter zijde latend of deskundigen-niet canonisten voldoende

[24] Canon 1574 en 1575.
[25] Canon 1680.
[26] Canon 1579 § 1.
[27] Canon 1577 § 2.
[28] Canon 1577 § 1.

vertrouwd zijn met de basisbeginselen van het kerkelijk huwelijksrecht om uitspraken te kunnen doen over de bekwaamheid of intenties van de partijen die het recht noodzakelijk acht voor een geldige consensus, rijzen hier vragen van deontologische aard. Mogen deskundigen uitspraken doen over partijen die zij nooit hebben ontmoet, louter op basis van een dossier samengesteld door de kerkelijke rechtbank? De Orde van geneesheren in België aanvaardt dit alleszins niet. Geneesheren lopen het gevaar hiervoor te worden vervolgd. Daarom zullen rechters steeds minder *periti* uit de medische wereld bereid vinden om op te treden als deskundige.

Uit de drie aangehaalde vormen van deskundigenonderzoek blijkt dat telkens een aantal problemen dient te worden overwonnen. In de praktijk dreigt derhalve de actieve tussenkomst van deskundigen in de procedure tot nietigverklaring hierdoor in het gedrang te komen.

Tot zover een overzicht van de rol die de partijen, getuigen en deskundige te spelen hebben bij het leveren van het bewijs van de ongeldigheid van het huwelijk. Als men enerzijds rekening houdt met het vermoeden van canon 1060 en anderzijds de zopas geschetste bewijsmogelijkheden met al hun zwakheden volledig enrstig neemt, wordt het duidelijk dat het bewijzen van de ongeldigheid van het huwelijk een zware opgave is.

3. Van "bewijs" naar "morele zekerheid"

De hun voorgelegde bewijzen moeten de rechters de nodige morele zekerheid bieden om tot een nietigverklaring te kunnen besluiten (canon 1608 § 4). Niet onbelangrijk is daarbij de vraag welke waarde rechters mogen en kunnen hechten aan de vergaarde bewijzen en wie hen behulpzaam kunnen zijn bij de beoordeling ervan.

a. De bewijswaarde van de verklaringen

1° De verklaringen van de partijen.

Het recht maakt een onderscheid tussen verschillende soorten verklaringen. Gerechtelijke bekentenissen en verklaringen van partijen die geen bekentenis zijn, kunnen wel bewijskracht bezitten. Ze moeten echter samen met de concrete omstandigheden van de zaak door de rechters worden beoordeeld. Kracht van volledig bewijs mag er niet aan worden toegekend tenzij ze door andere elementen volledig worden ondersteund[29].

[29] Canon 1536 § 2.

De meeste auteurs leiden hieruit af dat gerechtelijke bekentenissen of verklaringen van partijen alleen, de rechter geen "morele zekerheid" kunnen bieden[30]. De consequentie van deze visie is dat de term "morele zekerheid" niet op zichzelf staat maar afhankelijk is van procesrechtelijke regels in verband met het bewijs.

Eigenaardig genoeg mag de rechter zelf bepalen welk gewicht hij toekent aan buitengerechtelijke bekentenissen die in het geding worden ingebracht (canon 1537). Uiteraard na afweging van alle omstandigheden. Zou zulks eventueel kunnen inhouden dat de rechter via een buitengerechtelijk bekentenis de morele zekerheid kan verwerven die hij via gerechtelijke bekentenissen niet kan verkrijgen? De gecombineerde lezing van canon 1536 en 1537 sluit deze interpretatie niet uit, al kan dit mijns inziens onmogelijk de bedoeling van de wetgever zijn. Het is evenwel hoe dan ook niet duidelijk welke bewijskracht buitengerechtelijke bekentenissen kunnen krijgen.

Ook wanneer een partij weigert te antwoorden komt het de rechter toe te beoordelen wat hieruit voor het bewijs van de feiten kan worden afgeleid (canon 1531 § 2).

Bovendien bestaat de mogelijkheid dat de tegenpartij afwezig blijft tijdens de procedure. Hoewel hij herhaaldelijk van de stand van zaken op de hoogte dient te worden gebracht, kan niemand hem dwingen aan de procedure en het verzamelen van bewijzen mee te werken[31].

Met een gelijkaardige gebrekkige bewijsvoering wordt de rechter geconfronteerd telkens wanneer de partijen elkaar manifest tegenspreken of elkaars beweringen ontkennen of bestrijden, om welke redenen dan ook. Wat is dan "waarheid"? Aan beiden wordt immers gevraagd de eed af te leggen en de waarheid te spreken. Men zou zich bovendien kunnen afvragen wat "objectieve waarheid" omtrent het concrete huwelijksleven betekent voor iemand die daartoe achteraf in het vonnis als subjectief-psychisch niet bekwaam zal worden beschouwd. Dit is maar een zijdelingse overweging, op de inhoudelijke nietigheidsgronden ga ik hier verder niet in.

Om tot een oordeel te komen hebben de rechters nog ander vergelijkingsmateriaal. Onder meer de verklaringen van getuigen en deskundigen.

[30] Zie onder meer ZAPP, H., *Das Kanonische Eherecht*, Freiburg am Breisgau, Rombach, 1988, 65.

[31] De rechten van de verdediging worden op verschillende plaatsen zoveel mogelijk veiliggesteld doch niemand is verplicht van deze rechten gebruik te maken.

2° De verklaringen van de getuigen en deskundigen.

Het recht beschrijft nauwkeurig waarmee de rechter rekening dient te houden bij het beoordelen van de geloofwaardigheid van de getuigen en hun getuigenissen[32].

Vooreerst kan hij geloofwaardigheidsattesten opvragen. Traditioneel gebeurde dit bij de pastoor van de parochie van de betrokkene[33]. Recente evoluties doen echter steeds meer en meer van deze jarenoude praktijk afzien. Steeds minder zijn getuigen en zelfs partijen bekend bij de parochiegeestelijken waardoor het afleveren van geloofwaardigheidsoordelen onmogelijk wordt of een zinloze formaliteit. Het recht sluit echter andere bronnen niet uit. In bepaalde Vlaamse tribunalen wordt daarom ter informatie van de overige rechters, de advocaten en de verdediger van de huwelijksband een geloofwaardigheidsattest betreffende de partijen en getuigen afgeleverd door de rechter die het onderzoek uitvoert. Waar mogelijk zal hij zich uitspreken over de situatie van de getuige, zijn eerbaarheid[34], zijn standvastigheid en zekerheid[35]. Hij zal tijdens het onderzoek ook nauwkeurig nagaan hoe de getuige zijn kennis verworven heeft en of hij zijn eigen mening weergeeft of die van anderen[36].

De alleenstaande verklaring van een getuige kan niet volstaan. Zij waarborgt geen volledige betrouwbaarheid[37] en dient steeds tegen de achtergrond van het geheel van de akten en bewijzen te worden afgewogen.

Een gekwalificeerde getuigenis biedt een weinig meer waarborgen[38]. Het betreft de verklaring van een gekwalificeerde getuige over zaken die hij ambtshalve verricht heeft. Doch ook voor verklaringen van deskundigen geldt de regel dat de rechter ze samen met de overige aspecten van de zaak in overweging moet nemen[39].

b. De waarde van documenten[40]

De betrouwbaarheid van documenten is doorgaans minder problematisch. Zeker waar het publieke documenten betreft[41]. Canon 1540 § 1

32 Canon 1572-1573.

33 WIRTH, P., "Die Würdigung der Partei- und Zeugenaussagen im kirchlichen Ehenichtigkeitsverfahren", *AfkKR*, 156 (1987), 119.

34 Canon 1572, 1°.

35 Canon 1572, 3°.

36 Canon 1572, 2°.

37 Canon 1573.

38 Canon 1573.

39 Canon 1579 § 1.

40 Canon 1540-1543.

41 Kerkelijke en burgerlijke publieke documenten: zie canon 1540 § 1 en 2.

vermeldt: "Kerkelijke publieke documenten zijn die welke een publiek persoon in de uitoefening van zijn taak in de Kerk opgesteld heeft, met inachtneming van de door het recht voorgeschreven vormvereisten". § 2: Burgerlijke publieke documenten zijn die welke volgens de wetten van elke plaats als zodanig door het recht beschouwd worden". Hun betrouwbaarheid wordt gepresumeerd in canon 1541: "Tenzij op grond van tegengestelde en klaarblijkelijke argumenten iets anders bewezen wordt, waarborgen publieke documenten de betrouwbaarheid van alles wat rechtstreeks en hoofdzakelijk erin beweerd wordt". In die zin zullen de rechters bij hun beoordeling ter dege rekening met deze bewijzen kunnen en moeten houden. Bovendien lopen zij vanuit civielrechtelijke hoek het risico op zware sancties wanneer tegengestelde of door burgerlijke vonnissen tegengesproken argumenten als bewijs in de kerkelijke procedure worden aanvaard.

Naast publieke documenten kent het kerkelijk recht ook private documenten. Alle documenten die niet publiek zijn, zijn privaat[42]. Een privaat document heeft tegen de opsteller of ondertekenaar en tegen hen die door dezen in het geding komen, dezelfde bewijskracht als een bekentenis buiten het geding afgelegd[43]. Dit wil zeggen dat de rechter zelf beoordeelt welk gewicht eraan moet worden gegeven[44].

c. De rol van de advocaat en van de verdediger van de huwelijksband

1° De advocaat.

De rol van de advocaat in de bewijsvoering is eerder beperkt. De advocaat voert geen bewijzen aan[45]. Hij staat de partij bij. Hij kan de partij informeren over de kerkelijke relevantie van bepaalde bewijzen. Het komt immers niet zelden voor dat partijen sommige bewijzen relevant achten, bijvoorbeeld omdat ze tijdens de burgerlijke echtscheidingsprocedure van nut bleken te zijn. Het kerkelijk recht stelt echter andere eisen en daardoor moet willicht ander feitenmateriaal worden geselecteerd. De rol van de advocaat is echter heel delicaat. Hij blijft een schakel in de zoektocht naar de waarheid. Hij mag, maar moet niet, aanwezig zijn bij het verhoor van partijen en getuigen en kan via de rechter

42 Canon 1540 § 3.
43 Canon 1542.
44 Canon 1537.
45 Cf. canon 1550 § 2, 1° advocaten en anderen die partijen in dezelfde zaak bijstaan of bijgestaan hebben, worden als onbekwaam beschouwd om te getuigen.

vragen laten stellen[46]. In zijn pleidooi zal de advocaat trachten alle bewijzen die uit het dossier blijken, bij elkaar te brengen en te evalueren ter voorbereiding van de beoordeling door de rechters. In die zin schrijft het recht ook voor dat advocaten een honorarium ontvangen van de rechtbank. Hoewel dit in de praktijk vaak anders verloopt[47], wijst dit beginsel erop dat het kerkelijk wetboek de advocaat eerder als een medewerker van de rechtbank dan als een raadsman van de partij beschouwt. Dit gegeven is, gezien de algemeen maatschappelijke perceptie van het beroep van advocaat, in de huidige maatschappelijke context niet voor iedereen gemakkelijk te aanvaarden.

2° De verdediger van de huwelijksband.

De rol van de verdediger van de huwelijksband sluit nauw aan bij deze van de advocaat. Hij mag ook bij de verhoren aanwezig zijn en heeft inzage in de gerechtelijke akten[48]. In tegenstelling tot de advocaat is het optreden van de *defensor vinculi* echter noodzakelijk voor de geldigheid van de procedure[49]. Het is zijn plicht alle elementen die tegen de nietigheid kunnen worden aangevoerd, naar voor te brengen en uiteen te zetten (canon 1432). Bijgevolg zijn de taken van advocaat en verdediger van de huwelijksband enigszins complementair. Verschillende auteurs wijzen erop dat, in vergelijking met de CIC 1917, de *defensor vinculi* aan functieverlies leidt ten voordele van de rechters[50]. Zijn specificiteit in de zoektocht naar de waarheid wordt vandaag de dag in de praktijk niet overal even scherp onderkend. Vooral in de Verenigde Staten van Amerika blijft zijn rol vaak beperkt tot het absolute minimum of minder. Wijst dit onvermogen om de defensor vinculi te plaatsen er niet op dat men er moeite mee heeft om het bestaande huwelijksprocesrecht, met zijn wankel evenwicht tussen de *dramatis personae*, op een evenwichtige manier toe te passen?

d. Besluit

Ondanks de constructieve bijdrage die advocaten en de verdediger van de huwelijksband tot de besluitvorming kunnen leveren, blijft bewijsvoering

[46] Zie canon 1678 § 1 en canon 1561.

[47] Zie canon 1490. In de praktijk bestaan wat dit betreft tegenstrijdige gewoonten. Als in Vlaanderen advocaten optreden in kerkelijke nietigheidsprocedures dan worden zij betaald door de partij.

[48] Canon 1678 § 1.

[49] Canones 1432, 1433 en 1606.

[50] BURKE, J.J., "The Defender of the Bond in the New Code", *J*, 45 (1985), 210-229.

en evaluatie in een kerkelijke nietigheidsprocedure een complexe zaak. De toegankelijkheid van bronnen, de niet-afdwingbaarheid van bepaalde regels en het moeilijk controleerbare karakter van sommige door het recht gestelde eisen maken de vervulling van het ambt van rechter er niet eenvoudiger op. Herhaaldelijk doen de procedureregels een beroep op het geweten van de rechter en op zijn kennis van het recht[51]. De rechter moet dus niet alleen gewetensvol zijn, maar een gewetensvol canonist. Dit zou dan voldoende moeten zijn om correct en op niet willekeurige wijze met rechtsregels om te springen. Canon 1608 illustreert dit duidelijk. Uit de verworven akten en bewijzen, die de rechter volgens zijn geweten moet beoordelen (§ 3), dient hij "morele zekerheid" (*moralis certitudo*) te putten (§ 2). Daarbij is hij gebonden door de voorschriften van de wet aangaande de kracht van sommige bewijzen (§ 3).

4. *Het huwelijk kerkelijk en werkelijk*

Boven heb ik onderzocht hoe met het weerlegbaar vermoeden van canon 1060 als uitgangspunt, het bewijs kan worden aangedragen dat het huwelijk toch nietig is en hoe de rechter daarover morele zekerheid kan verwerven. De vraag is nu echter of het uitgangspunt van deze constructie, namelijk het beginsel van de rechtsbegunstiging, wel boven elke discussie verheven staat. Daar zou ik tot slot nog even bij willen stilstaan. Vooreerst kan het beginsel van de rechtsbegunstiging worden bekampt aan de hand van een ander rechtsbeginsel. Een rechtsbeginsel waarover Mosiek terecht zegt dat het naar aanleiding van andere vraagstukken waar de rechter morele zekerheid dient te bereiken, wordt aangewend. Namelijk het beginsel *in dubio pro reo*[52]. Dit impliceert dat in geval van twijfel de beklaagde wordt vrijgesproken. Als de rechter geen morele zekerheid kan verwerven dient gekozen te worden voor de mens en zijn rechten en niet voor het rechtsinstituut[53]. Dit beginsel botst frontaal met canon 1060. Wanneer men zowel het beginsel van de rechtsbegunstiging als het principe *in dubio pro reo* in de redenering betrekt, belandt men automatisch in een patstelling. Dit doet sommige auteurs besluiten tot de noodzaak van de omkering van het beginsel van de rechtsbegunstiging. Voor een dergelijke omkering worden ook nog andere argumenten aangevoerd. Die licht ik even toe.

[51] WIRTH, P., *o.c.*, 120.
[52] MOSIEK, U., *o.c.*, 64.
[53] KELLEHER, ST.J., "Canon 1014 and American Culure", *J*, 28 (1969), 11.

Uitgangspunt is de vaststelling dat de eisen die het kerkelijk huwelijksrecht stelt om het vermoeden van geldigheid te weerleggen, aanleiding kunnen geven tot conflict tussen de rechtsorde (*forum iuridicum*) en de orde van het geweten (*forum conscientiae*)[54]. Het is immers denkbaar dat partijen een nietig huwelijk aangingen maar daarvoor niet de door het recht vereiste bewijzen kunnen leveren[55]. Conform het recht luidt het oordeel dan: *Non constat de nullitate matrimonii in casu*. Zulks ontlokt bij sommige auteurs het sombere verwijt dat het kerkelijk huwelijksrecht en in het bijzonder het kerkelijk nietigheidsproces omwille van de *favor iuris* van canon 1060 voorwerp is geworden van ongerechtigheid en ongeloofwaardigheid[56].

Het meest duidelijk zijn de voorbeelden van simulatie. Canon 1101 § 2 stelt duidelijk dat een wezenlijk element of eigenschap van het huwelijk "door een positieve wisdaad" uitgesloten, het huwelijk ongeldig maakt. Als deze positieve wilsdaad niet kan worden bewezen krijgt de in vraag gestelde band de schijn van geldig huwelijk. Hierdoor groeien recht en geweten uit elkaar. En bovendien rijst de vraag in hoeverre recht dan nog de werkelijkheid raakt.

Dit heeft bij heel wat auteurs tijdens en na het tweede Vaticaans Concilie de vraag opgewekt naar de zin en betekenis van de "rechtsbegunstiging" voor het huwelijk wanneer blijkt dat daardoor de uiterlijke rechtsschijn en de werkelijke toedracht dreigen uit elkaar te lopen[57]. Bij een duurzaam ontwrichte relatie waarvan de partners innerlijk overtuigd zijn dat de band ongeldig was, kan het vermoeden van geldigheid geen wezenlijke oplossing bieden. Bovendien wordt de discrepantie tussen WERKELIJKHEID (onherstelbaar verdwenen echtelijke verhouding) en RECHT (het voortduren als maatstaf voor duurzaam en stabiel huwelijk)

[54] Zie onder meer: MOSIEK, U., *o.c.*, 64-65.

[55] Voorbeeld: partijen zijn zich bewust van de objectieve nietigheid van hun huwelijk omwille van een gebrekkige consensus wegens uitsluiting van wezenlijke elementen, maar kunnen het voorgeschreven "bewijs" niet brengen.

[56] KELLEHER, ST.J., *Divorce and Remarriage for Catholics?*, New York, Doubleday Garden City, 1973, 15: The problem is one of injustice, the injustice of the marriage law of the Roman Catholic Church, the injustice of the juridical processes of its marriage courts, and the injustice in the judgement of diocesan tribunals and in the decisions of Roman Rota and the other tribunals in Rome; zie ook ZAPP, H., *o.c.*, 66.

[57] HUIZING, P., "Fundamentele problemen van de kerkelijke huwelijksorde", *Conc*, 2 (1966), 159 e.v.; FLATTEN, H., "§ 88 Nichtigerklärung und Trennung der Ehe", in LISTL, J., MÜLLER, H. en SCHMITZ, H. (ed.), *Handbuch des katholischen Kirchenrects*, Regensburg, Friedrich Pustet, 821; MOSIEK, U., *Kirchliches Eherecht. Nachkonziliare Rechtslage und konzipierte Neufassung*, Freiburg im Breisgau, Rombach, 1979, 64-65.

ondraaglijk groot[58]. Dit heeft heel wat canonisten ertoe aangezet te pleiten voor de afschaffing van de rechtsbegunstiging[59]. Zij eisten respect op voor het huwelijk, voor de vrije wil die ervoor constitutief is[60], voor het geestelijk welzijn van de mens[61] en voor de conciliaire leer met betrekking tot de betekenis van de christelijk vrijheid en verantwoordelijkheid. In 1973 schreef H. Socha dat de oude canon 1014, nu 1060, daartoe beter als volgt zou worden omgekeerd: "bij gegronde twijfel over de geldigheid van het huwelijk wordt ongeldigheid van rechtswege vermoed tot het tegendeel bewezen is"[62]. Dit zou volgens de auteur beter aansluiten bij de leer van Vaticanum II die voor de christelijke vrijheid en waardigheid van de menselijke persoon ruimte laat.

In 1977 heeft de Codexhervormingscommissie de voorstellen tot afschaffing van de oude canon 1014 afgewezen[63].

De voorkeur van Prof. P. Huizing ging in 1966 reeds uit naar huwelijksbeoordelingscommissies boven huwelijksrechtbanken omdat christelijke grondrechten geschonden worden wanneer gelovigen van de ongeldigheid overtuigd zijn maar dit niet volgens de regels van het recht kunnen bewijzen[64].

Voor anderen, veelal praktijkmensen, ligt het probleem vooral bij het begrip "morele zekerheid". Zij opteren voor een systeem waarbij overwegende elementen voor de nietigheid zouden volstaan[65]. Deze aanpak is uiteraard erg pragmatisch. Het oude discussiepunt, namelijk of de rechtsbegunstiging een ontologisch of eerder een proceduraal principe is, wordt op deze manier stilzwijgend opgelost in het voordeel van laatstgenoemde stelling. Zoals bij gewone juridische besluitvorming wordt hier door de kerkelijke rechters aan "afweging" gedaan. De aangereikte argumenten

[58] HUIZING, P., "Onontbindbaarheid van het huwelijk in de kerkorde", *Conc*, 4 (1966), 52.

[59] Zie onder meer: HUIZING, P., "Onontbindbaarheid van het huwelijk in de kerkorde", *Conc*, 4 (1966), 51: "Kan deze presumptie nu niet beter worden omgedraaid, zo dat de vrijheid van de uitoefening van de persoonsrechten wordt vóórondersteld, tenzij de geldigheid van de instelling moreel zeker vaststaat?"; KELLEHER, ST.J., "Canon 1014 and American Culture", *J*, 28 (1968), 12.; MCREAVY,L., "Canon 1014 and the Modern Attitude to Divorce", *Cler. Rev.*, 1960, 41-44.

[60] SOCHA, H., "Zur Frage der Beweislast im Ehenichtigkeitsprozeß?", *ThQ*, 153 (1973), 375.

[61] HUIZING, P., "Law, conscience and marriage", *J*, 30 (1970), 18 en KELLEHER, ST.J., "Canon 1014 and American Culture", *J*, 28 (1968), 11.

[62] SOCHA, H., *o.c.*, 376.

[63] *Comm*, IX (1977), 212 en X (1978), 126.

[64] HUIZING, P. "Fundamentele problemen van de kerkelijke huwelijksorde", *Conc* 2 (1966), 167-168.

[65] KELLEHER, ST.J., "Canon 1014 and American Culture", *J*, 28 (1968), 8; zie ook SOCHA, H., *o.c.*, 378-379.

worden afgewogen en de stelling met de beste argumenten haalt het. Men kan zich trouwens afvragen of in de praktijk — wat in theorie de principes ook mogen zijn — de rechters niet meestal impliciet zo te werk gaan.

Aansluitend hierbij zou ik tot slot nog de volgende overweging willen aanreiken. Overschatten wij niet de normatieve kracht van de rechtsregel wanneer we ervan uitgaan dat deze laatste voor kan schrijven hoe de rechter zich dient te gedragen en hoe hij morele zekerheid dient te verwerven? Slaagt canon 1060 er werkelijk in de houding van de rechters in de praktijk reëel te beïnvloeden? Of zou een omkering van het in deze regel vastgelegde vermoeden dit wel doen? Moeten wij niet veeleer op zoek gaan naar rechtsregels die dichter aansluiten bij wat we een "oer-aanvoelen" of "natuurlijke houding" van de rechter zouden kunnen noemen. Een systeem waarbij de uiteindelijke besluitvorming over de geldig- of ongeldigheid van het huwelijk tot stand komt na een zorgvuldige "afweging" van de argumenten pro en contra. Een afweging namelijk, die rekening houdt met de werkelijkheid.

HUWELIJK ALS MENSENRECHT EN CANONIEKE CELIBAATSVERPLICHTING

T. MEIJERS

Zowel het huwelijk als het celibaat kunnen zich binnen de katholieke kerk in een grote belangstelling verheugen. Huwelijk en celibaat worden canoniek en theologisch gewikt en gewogen en deze discussie was, is en blijft belangrijk. Daarbij speelt ook de vraag naar de onderlinge rangorde een cruciale rol. Is het celibaat nu van een hogere orde dan het huwelijk of staan beiden in een gelijke verhouding tot elkaar? Sprekend over het huwelijk komt ook altijd het celibaat aan de orde. En omgekeerd, sprekend over het celibaat wordt ook altijd iets gezegd over het huwelijk. Een pleidooi voor het ene lijkt een veroordeling van het andere te impliceren. Het lijkt wel alsof huwelijk en celibaat elkaars kerkelijke concurrenten op leven en dood zijn[1].

De neiging bestaat het celibaat boven het huwelijk te plaatsen. Hieraan ligt een bepaalde (vaak verscholen) opvatting over priesterschap en seksualiteit ten grondslag in de impliciete parallelliteit van goed en kwaad, mooi en vies.

Het Tweede Vaticaans Concilie (1962-1965) expliciteert de waardigheid van het huwelijk. Het is in deze samenhang ondoenlijk de verrijkte en positieve visie op het huwelijk in al haar facetten en nuances weer te geven. Enkele elementen dienen echter naar voor te worden gehaald.

Het huwelijk is een maatschappelijke instelling van goddelijke liefdevolle inspiratie, die menswaardig is en menswaardigheid moet realiseren. Het huwelijk ontwikkelt zich uit de mens en realiseert welzijn voor echtgenoten, de kinderen en zo voor de samenleving. De kinderen zijn als het ware deelgenoten van het huwelijk. Zo worden huwelijk en gezin in een context van liefde en welzijn met elkaar verbonden. De geslachtsdaad tussen echtgenoten wordt positief gewaardeerd als een passende uitdrukking en bevestiging van het huwelijk: "Zo'n liefde,

[1] Zie bijvoorbeeld: SCHILLEBEECKX, E., *Het huwelijk, aardse werkelijkheid en heilmysterie*, Bilthoven, Nelissen, 1963, 89-157; *Familiaris Consortio* (1981), n. 16; Priesterschap en celibaat, Pastorale Brief van Adrianus kardinaal Simonis, Aartsbisdom Utrecht, november 1993, 27 p.

die het menselijke en het goddelijke in zich verenigt, brengt de echtgenoten tot een vrije wederzijdse zelfgave, waarvan de tederheid die zij voelen en uitdrukken getuigenis aflegt, en is de ziel van heel het leven van de gehuwden; bovendien groeit zij in volkomenheid juist in en door haar edelmoedige praktijk. (...) In de eigenlijke huwelijksdaad komt deze liefde op een geëigende wijze tot voltooide zelfexpressie"[2].

Tussen gedoopten is het huwelijk sacramenteel bekrachtigd.

Kortom, het huwelijk en het gezin vormen een welzijn realiserende, christenwaardige, levensstaat.

Ook naar de samenleving toe profileert de katholieke kerk zich als een warm verdedigster van huwelijk en gezin. Beide zijn een menswaardige en genadige wijze van samenleven van man, vrouw en kinderen en een oermenselijke levensinstelling.

Mede naar aanleiding van de Bisschoppensynode van 1980 over het christelijk gezin publiceerde de Heilige Stoel in 1983 het "Handvest van de rechten van het gezin"[3]. In dit Handvest zijn een aantal met huwelijk en gezin samenhangende taken als fundamentele mensenrechten geformuleerd. Hiertoe behoren (o.a.) de fundamentele vrijheid van de mens een huwelijk te sluiten, het recht om een gezin te stichten en het recht op opvoeding binnen het gezin. De overheid dient deze rechten te respecteren en haar rechtsorde zo in te richten, dat het huwelijks- en gezinsleven maatschappelijk ondersteund en gesubsidieerd worden. De sociaal-economische orde dient het huwelijks- en gezinsleven financieel mogelijk te maken.

Kortom, huwelijk en gezin zijn als het ware een in de menselijke natuur meegegeven mogelijke levensstaat (Engels: "innate") en als zodanig radicale fundamentele mensenrechten.

De intentie van het Concilie en van het Handvest komt ook in het Wetboek van Canoniek Recht, de Codex van 1983, tot uitdrukking.

Het sluiten van een huwelijk is een fundamenteel recht van de mens en van de gelovige (canon 1058). Het is een fundamenteel vrijheidsrecht, omdat alleen door de vrije wilsovereenstemming van echtgenoten

[2] *Gaudium et Spes* (1965), n. 49 ab: *"Talis amor, humana simul et divina consocians, coniuges ad liberum et mutuum sui ipsius donum, tenero affectu et opere probatum, conducit totamque vitam eorum pervadit; immo ipse generosa sua operositate perficitur et crescit. (...) Haec delectio proprio matrimonii opere singulariter exprimitur et perficitur"*. Zie ook *Donum Vitae* (1988), n. 3.

[3] Handvest van de rechten van het gezin, door de Heilige Stoel aangeboden aan alle personen, instellingen en autoriteiten die zich bezighouden met de zending van het gezin in de hedendaagse wereld, 22 oktober 1983, *Oss. Rom.*, bijlage 25 november 1983, vertaling: *AK*, 39 (1984), 21-25.

een huwelijk tot stand komt (canones 219, 1057). De huwelijksgemeenschap tussen man en vrouw moet menselijk welzijn tot uitdrukking brengen en realiseren (canon 1055). Een huwelijk tussen gedoopten wordt sacramenteel bekrachtigd (canones 1055, 1056, 1134). Het huwelijk staat open voor het voortbrengen en opvoeden van kinderen (canon 1055). De kinderen hebben recht op opvoeding en de ouders dragen als eersten daarvoor de verantwoording, inclusief voor de christelijke opvoeding (cf. canones 795, 217, 226.2, 793, 1136, 1366). De huwelijksstaat is een christelijke levensstaat, die als zodanig kerkelijk en maatschappelijk welzijn realiseert (canones 208, 209, 223, 226.1).

Het huwelijk is een heilige zaak, een aan de menselijke persoon inherente, voor gedoopten sacramentele, waardigheid. Net zo min als iemand van het ontvangen van een wijding afgehouden mag worden (c. 1026), mag iemand ook niet van het sluiten van een huwelijk worden afgehouden. De hele kerkelijke gemeenschap draagt verantwoording voor de ondersteuning en begeleiding van het christelijk huwelijksleven (canon 1063).

Ook in de Codex dus alleen maar positiefs over huwelijk en gezin.

De Codex regelt ook de celibataire levensstaat. Het huwelijk is een mogelijke levensstaat, waarover de mens beslist. De mens kan besluiten ongehuwd te blijven, maar ook een stap verder gaan en zich tot een celibatair leven verplichten. Religieuzen en clerici nu hebben deze verplichting op zich genomen. Het celibaat is een bijzonder charisma (*donum peculiare*), dat ten dienste staat van de opbouw van de kerk. In positieve zin is het celibaat een leven in algehele seksuele onthouding (*perfecta continentia*) omwille van het rijk der hemelen, waaruit in negatieve zin volgt dat een celibatair geen huwelijk kan sluiten (cf. canones 277 en 599)[4]. De celibataire levensstaat wordt niet opgelegd, maar een gelovige, beantwoordend aan het gegeven charisma, verplicht zich in vrijheid daartoe.

Huwelijk en celibaat zijn canonieke levensstaten, die gelovigen weliswaar in vrijheid op zich nemen, maar waarover zij vervolgens niet meer vrij beschikken. Het huwelijk is onontbindbaar (canones 1056 en 1134) en het celibaat levenslang. In deze bijdrage wordt geanalyseerd hoe de canonieke rechtsorde de verhouding celibaat en huwelijk regelt. Het accent ligt daarbij op de celibatair die (bij nader inzien) een huwelijk wil sluiten. De huidige regeling wordt geëvalueerd in het licht van het huwelijk als een radicaal fundamenteel mensenrecht en de waardige integratie van het huwelijks- en gezinsleven binnen het kerkelijk leven.

[4] *Perfectae Caritatis* (1965), n. 12 en *Presbysterorum Ordinis* (1965), n. 16.

I. Het celibaat

A. Religieus leven

Voor het religieus leven is de celibataire levensstaat wezenlijk. Canoniek zijn religieuzen, de gelovigen die zich vrijwillig op basis van publieke geloften institutioneel aan de evangelische raden van kuisheid, armoede en gehoorzaamheid binden om zo in gemeenschappelijk leven aan de opbouw van de kerk dienstbaar te zijn (cf. canones 207 § 2, 573, 599-602, 607). Het religieus leven is een persoonlijke christelijke levensstaat, die als zodanig geen deel uitmaakt van de hiërarchische structuur van de kerk, en zodoende in beginsel privaat en niet publiek van aard is.

Het religieus leven is een leven volgens de drie evangelische raden. Het celibaat als een van de evangelische raden is wezenlijk voor de religieuze levensstaat. Derhalve schendt de religieus die de celibaatsverplichting schendt zo wezenlijk zijn of haar eigen levensstaat.

Een huwelijksleven en een leven als religieus zijn derhalve onverenigbaar. Wie gehuwd is, kan geen religieus leven leiden overeenkomstig de evangelische raden. De canonieke rechtsorde regelt dit, door te verbieden een gehuwde (*coniux, durante matrimonio*) tot het noviciaat of de proeftijd toe te laten (cf. canones 643, 656 § 2, 721, 723, 735). Het is dus voor een gehuwde onmogelijk zich rechtens aan een religieus instituut te binden[5].

B. Clerici

Ook clerici zijn verplicht celibatair te leven. De discussie hierover lijkt maar niet te willen luwen. Daarbij staat niet alleen de verplichting als zodanig ter discussie, maar ook de aard ervan. Volgt het celibaat uit de onhuwbaarheid van clerici of ligt het celibaat aan de onhuwbaarheid ten grondslag[6]? Maar ook de positieve waardering van de kerk voor huwelijk, gezin en seksualiteit, doet de vraag rijzen naar het huwelijk als een passende, waardige levensstaat voor de clericus.

[5] De buitengewone mogelijkheid, dat echtgenoten op rijpere leeftijd met wederzijds goedvinden tot een kloosterleven besluiten, blijft hier buiten beschouwing.

[6] VAN BILSEN, TH.J.C., *Huwelijk en kerkelijk ambt. De houding van de katholieke kerk ten aanzien van huwelijk, huwelijksbeleving en celibaat van de ambtsdragers der kerk*, Hilversum, Gooi & Sticht, 1982, 269 p.; CHOLY, R.T.M., "The Lex continentiae and the Impediment of Orders", *SC*, 21 (1987), 391-418; HEIMERL, H., *Der Zölibat, Recht und Gerechtigkeit*, Wien/New York, Springer, 1985, 19-20; STICKLER, A.M., "Il celibato ecclesiastico nel codex iuris canonici rinnovato", *ME*, 109(1984), 70-75.

De celibaatsverplichting voor clerici is een verplichting van kerkelijke instelling, weliswaar dienstbaar aan de wijding om de sacramentele bediening naar behoren te kunnen uitoefenen, maar zeker geen inherente in de sacramentele wijding gelegen noodzaak. In tegenstelling tot de religieuzen is de celibaatsverplichting voor clerici niet wezenlijk, maar wezenlijk secundair en subsidiair.

De katholieke kerk kent in beginsel de celibaatsverplichting voor alle clerici: voor bisschoppen, priesters en diakens. De kerken van de oosterse ritus laten echter gehuwde mannen tot de diaken- en priesterwijding toe. Sinds het Concilie bestaat binnen de Latijnse kerk voor gehuwde mannen de mogelijkheid om tot het diakonaat te worden toegelaten. In zeer uitzonderlijke omstandigheden wordt een gehuwde man in de Latijnse kerk tot de priesterwijding toegelaten[7].

Canoniek maken clerici bisschoppen, priesters en diakens deel uit van de wijdinghiërarchie en zijn zij geroepen binnen de kerk officieel hun bediening (*ministerium*) uit te oefenen (canones 207.1, 1008-1009).

Vanaf de wijding zijn zij verplicht een celibatair leven te leiden (canon 277). Het celibaat is geen onderdeel van wijding, maar een wettelijke verplichting, waaraan een wijdingskandidaat zich bindt alvorens tot de wijding te worden toegelaten (canon 1037)[8].

De celibaatsverplichting impliceert in beginsel dat een gehuwde geen clericus kan worden. Huwelijk en clericale staat verdragen zich niet met elkaar. De Codex regelt echter niet het huwelijk in relatie tot de celibaatsverplichting, maar regelt het huwelijk in relatie tot de wijding en brengt zo de nauwe samenhang tussen wijding en celibaat tot uitdrukking.

Het huwelijk is een wijdingsbeletsel. Een (kerkelijk) gehuwde man wordt verboden de sacramentele wijding te ontvangen (canon 1042.1). Voorts is degene die louter burgerlijk gehuwd is of een kerkelijk huwelijk heeft gewaagd van het ontvangen van de wijding uitgesloten (zie canon 1041.3). Let wel, wie desondanks gewijd is, is geldig gewijd. Degene echter, die ondanks een wijdingsbeletsel toch is gewijd, is weliswaar geldig gewijd, maar hem is in beginsel verboden de wijdingsvolmachten uit te oefenen (canon 1044). Uit het feit dat een huwelijk de

[7] *Presbyterorum Ordinis* (1965), n.16., canones 373-376 CCEO, Canon 373 CCEO: "(...) *item status clericorum matrimonio iunctorum praxi Ecclesiae primaevae et Ecclesiarum orientalium per saecula sancitus in honore habendus est*"; *Lumen Gentium* (1964), n. 29b. Zie hierover: PUZA, R., "Viri uxorativiri probati", *ThQ*, 172 (1992), 16-23; MIETH, D., "Ehe und Priestertum", *ThQ*, 172 (1992), 23-36.

[8] HEIMERL, H., *o.c.*, 19-29.

geldigheid van de wijding niet aantast blijkt het secundaire en subsidiaire karakter van de celibaatsverplichting. Dit beletsel is in principe dan ook dispensabel (canones 1047-1049), hetgeen alleen in zeer uitzonderlijke gevallen wordt verleend.

C. Diakenwijding

Gehuwde mannen kunnen tot de diakenwijding toegelaten worden (canon 1042.1). Wat betreft de celibaatsverplichting kent canon 277.1 voor de gehuwde diaken geen uitzondering. Zijn gehuwde diakens nu ook aan het celibaat gebonden?

Aangezien canon 277 in principe voor alle clerici geldt, doet de wettekst vermoeden, dat ook de gehuwde diaken vanaf zijn wijding celibatair moet leven. Dit vermoeden wordt ondersteund door het feit dat de conceptwetteksten van 1977, 1980 en 1982 voor de gehuwde diaken een uitdrukkelijke uitzondering kenden, die in de definitieve tekst van canon 277 is komen te vervallen[9]. Ook historisch onderzoek naar de kerkelijke traditie lijkt erop te wijzen, dat gehuwde mannen weliswaar toegelaten werden tot de sacramentele wijding en de clericale staat, maar dat zij na het ontvangen van de wijding celibatair dienen te leven[10]. De canonieke literatuur neemt echter aan dat gehuwde diakens niet aan het celibaat zijn gebonden[11].

D. Slotsom

Door het huwelijk als een wijdingsbeletsel te regelen en de gehuwde diaken niet expliciet van de celibaatsverplichting uit te zonderen, blijkt

[9] "*Praescripto § 1 non tenentur viri maturioris aetatis in matrimonio viventes qui ad diaconatum stabilem promoti sunt, ...*", canon 135 § 2, Schema Canonum Libri II De Populo Dei, Rome, TPV, 1977; canon 250 § 2, Schema Codicis Iuris Canonici, LEV 1980; canon 279 § 2, Codex Iuris Canonici Schema Novissimum, Rome, TPV, 1982.

[10] "*E'vero che sin dagli inizi sono stati ammessi a tutti gli ordini, cioè allo stato clericale, uomini sposati. Ma, come i recentissimi e più approfonditi studi in materia hanno novamente messo in rilievo, gli uomini sposati erano obbligati alla perfetta continenza dal momento dell'ordine sacro ricevuto. (...) dovevano avere perciò il consenso della moglie ancora vivente prima dell'ordinazione; (...) Chi tragrediva questo obbligo era escluso dell'esercizio dell'Ordine sacro ricevuto*", STICKLER, A.M., *o.c.*, 72. Canon 374 CCEO erkent het celibaat van de gehuwde clericus: "*Clerici caelibes et coniugati castitatis decore elucere debent; (...)*".

[11] "*Risulta invece che ammette pacificamente l'uso del matrimonio per i diaconi permanenti sposati: (...) Ed in questi si è in linea perfetta con il diritto delle Chiese Orientali (...) I diaconi permanenti sposati possono continuare l'uso del matrimonio contratto in antecedenza, ma non possono risposarsi*", STICKLER, A.M., *o.c.*, 73-75; CHOLY, R.T.M., *o.c.*, 415-418.

dat de canonieke rechtsorde celibaat en wijding nauw met elkaar verbindt. Wie niet celibatair leeft, kan blijkbaar niet als gewijd diaken, priester of bisschop leven. Huwelijksleven en gewijd leven sluiten elkaar in beginsel uit. Schuilt hier geen negatieve visie op huwelijk, gezin en seksualiteit achter? Is deze visie nog wel houdbaar na hetgeen het Concilie en het Handvest over huwelijk, gezin en seksualiteit vertellen? Komt, door het celibaat in zo nauwe samenhang met de wijding te regelen, het secundaire en subsidiaire karakter van het celibaat niet te weinig tot uitdrukking, waardoor de vraag naar een mogelijk samengaan van sacramenteel huwelijksleven en sacramenteel wijdingsleven wordt vertroebeld?

Dit wordt nog duidelijker, wanneer de clericus een huwelijk wil sluiten: hem treffen als clericus verregaande disciplinaire maatregelen.

II. HUWELIJK

A. Huwelijksbeletselen

Noch de clericus noch de religieus die een huwelijk willen sluiten, zijn daartoe in staat. Beiden worden getroffen door een ongeldigmakend huwelijksbeletsel. Zij zijn rechtens onbekwaam een huwelijk te sluiten en ingeval dat, wagen zij een ongeldig huwelijk (canones 1087-1088). Beide beletselen zijn van kerkelijk recht en in principe dispensabel. De bevoegdheid daartoe is in beginsel aan de Heilige Stoel voorbehouden, waarbij dit voorbehoud clerici strikter treft dan religieuzen (canones 1073, 1078-1080)[12].

Het beletsel van wijding (canon 1087) treft ook de gehuwde diaken. Ingeval zijn echtgenote komt te overlijden is hij onbekwaam een nieuw huwelijk te sluiten. De gehuwde diaken heeft zich echter nooit tot het celibaat verplicht (cf. canon 1037) en deed geen afstand van het huwelijk. Integendeel, hij is uitdrukkelijk als gehuwde tot diaken gewijd. Door het overlijden van zijn echtgenote is de diaken nu echter rechtens tot het celibaat verplicht.

De vraag in hoeverre dit houdbaar is, is een omstreden kwestie, hetgeen onder meer uit de ontstaansgeschiedenis van de wettekst blijkt. Het

[12] KLAUS LÜDICKE typeert canon 1088 als een beletsel van kerkelijk recht met een natuurrechtelijke aard en acht dispensatie onverenigbaar met de aard van het religieus leven, dat celibataire kuisheid insluit, hetgeen een huwelijk uitsluit. Zie LÜDICKE, K. (ed.), *MK*, Essen, Ludgerus, 1985, commentaar bij canon 1088 onder 3. Principieel kan ik hierbij aansluiten. Eerst nadat de banden met het religieus instituut verbroken zijn is mijns inziens een huwelijk mogelijk en niet eerder.

Schema van 1975 regelde een verbod van de diaken om te hertrouwen. In het Schema van 1980 werd dit omgekeerd en werd het deze diakens toegestaan een nieuw huwelijk te sluiten. Dit bleef in het Schema van 1982 onveranderd, maar haalde uiteindelijk niet de definitieve wettekst[13]. De huidige regeling correspondeert met de praxis en de kerkorde van de oosterse katholieke kerken en is vanuit oecumenisch oogpunt toe te juichen[14].

De vraag is echter, hoe de huidige regeling zich verhoudt tot canon 219 (vrije keuze van kerkelijke levensstaat) en canon 1058 (recht op huwelijk)? De gehuwde diaken heeft zich niet tot het celibaat verplicht, kan deze verplichting hem nu zonder meer door het overlijden van zijn echtgenote rechtens worden opgelegd? Hij heeft zijn recht om een huwelijk te sluiten en op een huwelijksleven bij de diakenwijding niet beperkt of opgegeven. Is deze regeling in het licht van de in de canones 219 en 1058 geformuleerde rechtsbeginselen wel houdbaar?

Naast de huwelijksbeletselen kent de Codex een aantal disciplinaire maatregelen die de religieus of clericus treffen die desondanks een huwelijk, ook louter burgerlijk, waagt, waarbij de clericus zwaarder wordt getroffen dan de religieus[15].

De religieus die een huwelijk wil sluiten, kan op eigen verzoek door de kerkelijke overheid het indult worden verleend om het religieus instituut te verlaten. Het zogenaamde indult van uittreding betekent van rechtswege dispensatie van de evangelische raden (canones 688-692)[16]. De betreffende religieus is dan ex-religieus en vrij om een kerkelijk

[13] "*Etiam diaconi qui coniugati fuerunt, de quibus in can. 211. p. 1, 2, ad novum matrimonium contrahendum inhabiles sunt*", canon 287 § 2, Schema De Sacramentis, Rome, TPV, 1975; zie ook: canon 135 § 2, Schema Libri II De Populo Dei, Rome, TPV, 1977; "*Diaconi qui coniugati ordinem sacrum receperunt impedimentum de quo in p. 1 non tenetur*", canon 1040.2, Schema Codicis Iuris Canonici, LEV 1980; canon 1087 § 2, Codex Iuris Canonici Schema Novissimum, Rome, TPV, 1982.

[14] STICKLER, A.M., *o.c.*, 74.

[15] Zij die een huwelijk wagen, proberen een kerkelijk huwelijk te sluiten, maar zijn daartoe om de een of ander reden niet in staat. Zij sluiten hierdoor een ongeldig en wellicht vermeend huwelijk (canon 1058 § 3). Ingeval overeenkomstig canon 1117 vormplichtigen alleen burgerlijk huwen, gebeurt er kerkelijk gezien niets ("*ein kirchlicher Nichtakt*"). De burgerlijke huwelijkssluiting van kerkelijk vormplichtigen heeft kerkelijk geen waarde, hoewel er tussen man en vrouw sprake kan zijn van een echte huwelijksconsensus. Het gewaagde (kerkelijk) huwelijk en louter burgerlijk huwelijk dienen daarom onderscheiden te worden. Het louter burgerlijk huwelijk dient weer onderscheiden te worden van het concubinaat, waarbij wel sprake is van duurzaam samenzijn van man en vrouw echter zonder huwelijksintentie. Zie: PRIMETSHOFER, B., "Die kanonistische Bewertung der Zivilehe", *AfkKR*, 155 (1986), 400-427.

[16] Zie GIROTTI, G., "Separazione dei membri dall'Istituto", *ME*, 110 (1985), 183-187; LOBINA, G., "La separazione dei religiosi dall'Istituto", *Ap*, 56 (1983), 115-126.

huwelijk te sluiten. Zo kan zijn of haar nieuw gekozen levensstaat canoniek gelegaliseerd worden.

Ingeval de religieus deze weg niet bewandelt en toch probeert te huwen, treden disciplinaire maatregelen in.

Krachtens kerkelijk strafrecht loopt de religieus, die een huwelijk, ook louter burgerlijk, waagt een interdict van rechtswege op. Hierdoor is het hem of haar verboden bij liturgische vieringen een bediening te vervullen, de sacramenten en sacramentalia te vieren en de sacramenten te ontvangen (canones 1394,2, 1332, 1331). De religieus is dus uitgesloten van liturgische bedieningen en het het vieren en ontvangen van de sacramenten: een partiële excommunicatie. Opvallend is dat hem of haar niet verboden wordt andere kerkelijke functies (cf. canon 1331.1.3) uit te oefenen. Derhalve dient aangenomen te worden dat de strafbepaling deze niet raakt en dat hij of zij deze kerkelijke functies kan blijven uitoefenen.

De canonieke rechtsorde laat het hier niet bij.

De religieus namelijk is door het feit zèlf een huwelijk te sluiten of dit, ook louter burgerlijk, te wagen, uit het religieus instituut weggezonden. Het religieus instituut dient deze omstandigheid declaratoir vast te stellen. De wegzending treedt door het feit zèlf in, waardoor de religieuze geloften ophouden te bestaan en de band tussen religieus en instituut verbroken zijn (canones 694 en 701).

De religieus, die een huwelijk waagt of een louter burgerlijk huwelijk sluit, sluit een canoniek niet erkend huwelijk. De religieus is hierdoor weggezonden uit het religieus instituut en zo ook ontslagen van de evangelische raden. De ex-religieus is dan echter niet vrij om een huwelijk te sluiten. Getroffen door het interdict van rechtswege is het hem of haar verboden de sacramenten te vieren inclusief dus de kerkelijke sacramentele huwelijkssluiting. De ex-religieus kan geen sacramenteel huwelijk sluiten, echter mijns inziens wel — ingeval hij of zij met een ongedoopte wil huwen — een niet-sacramenteel huwelijk. Alleen ingeval de kerkelijke overheid de straf opheft, staat voor de ex-religieus de weg open tot een sacramenteel huwelijk.

Hoewel het religieus instituut door wegzending geen zorg meer voor de betreffende ex-religieus draagt, komt deze niet helemaal in de kou te staan, aangezien hij of zij bepaalde kerkelijke functies kan blijven uitoefenen en daaruit inkomsten kan verwerven.

Kortom, de religieus die trouwt, breekt met de religieuze levensstaat. Logisch. Het celibaat is een voor het religieus leven wezenlijke karaktertrek, en wie door te huwen met het celibaat breekt, breekt met het religieus leven, hetgeen de breuk met het religieus instituut rechtvaardigt. Hieruit blijkt dat de religieuze levensstaat canoniek een persoonlijke, private levensstaat is, omdat de eigen gewetensbeslissing van de gelovige rechtens prevaleert: wie wil trouwen wil geen religieus leven en breekt daarmee. De band met het religieus leven wordt weliswaar verbroken, de mogelijk om te trouwen is echter afhankelijk van een beslissing van de kerkelijke overheid (dispensatie, uittredingsindult, opheffing kerkelijke straf). Pas dan geniet de gelovige weer het recht op huwelijk en herwint hij ook rechtens zijn of haar gewetensvrijheid in deze.

B. Clericus

Voor de clericus is, in tegenstelling tot de religieus, het celibaat niet wezenlijk, maar met het oog op de wijding secundair en subsidiair. De disciplinaire maatregelen die een clericus die een huwelijk waagt te sluiten, treffen, zijn echter uitzonderlijk ingrijpend en zwaar. Dit hangt samen met het feit, dat de clericus krachtens de ontvangen wijdingen in het openbare leven van de kerk pastorale functies bekleed.

Zoals de religieus de kerkelijke overheid het uittredingsindult kan vragen, zo kan de clericus de Heilige Stoel verzoeken uit de clericale staat te worden ontslagen. Dit betreft een "gunst"verlening (rescript) die de diaken slechts om een ernstige, en de priester slechts om een zeer ernstige, reden verleend wordt. De verlening ervan betekent weliswaar verlies van de clericale staat en de daarmee samenhangende rechten en plichten, maar ontslaat de exclericus niet van de celibaatsverplichting (canones 290-292). De ex-clericus is dan niet vrij om een kerkelijk huwelijk te sluiten, maar dient daartoe de paus dispensatie te vragen van de celibaatsverplichting (canon 291). Hieruit blijkt hoe kerkelijk en dus canoniek gevoelig een voorgenomen huwelijk van clerici ligt.

De clericus die desondanks een, ook louter burgerlijk, huwelijk waagt, begaat een kerkelijk misdrijf en wordt verboden de met de wijding ontvangen volmachten uit te oefenen. Deze huwelijksinstentie wordt in canon 1041 in een adem als wijdingsirregulariteit genoemd met krankzinnigheid, apostasie, ketterij, schisma, moord, abortus en (auto)mutilatie. Dit wekt toch wel enige verbazing.

Het is de clericus niet alleen verboden zijn wijdingsvolmachten uit te oefenen, maar door een huwelijk te wagen, is hij ook van rechtswege uit alle ambten verwijderd en mist hij de daarmee samenhangende vergoedingen (canon 194). De verwijdering als zodanig is geen strafmaatregel, maar vindt haar grondslag in het welzijn van de geloofsgemeenschap[17]. De "huwende" clericus schendt het welzijn van de kerk, hetgeen de typering ervan als kerkelijk misdrijf rechtvaardigt. Hierbij aansluitend treft het kerkelijk strafrecht nog enkele verdergaande maatregelen.

Krachtens canon 1394.1 loopt de clericus, die een huwelijk, ook louter burgerlijk, waagt een suspensie van rechtswege op. Deze straf is zeer ingrijpend en breidt de reeds genoemde wettelijk intredende beperkingen (ook weer van rechtswege) uit. De suspensie van rechtswege verbiedt de uitoefening van wijdingsvolmachten, de uitoefening van bestuursmacht en de uitoefening van met kerkelijke ambten verbonden bevoegdheden (canones 1334.2 en 1331.1).

De canonieke disciplinaire maatregelen overlappen elkaar. Het verbod om met het kerkelijk ambt verbonden bevoegdheden uit te oefenen (canon 1331.1), lijkt mij een overbodige maatregel aangezien de betreffende clericus reeds van rechtswege uit alle ambten verwijderd is en dus feitelijk geen kerkelijke ambten bekleedt (canon 194). Ook wat betreft het verbod tot uitoefening van wijdingsvolmachten rijzen enkele vragen (canones 1044.3 en 1331.1). Zowel het sacramentenrecht als het strafrecht kennen uitzonderingsbepalingen die de betreffende clericus in buitengewone omstandigheden toestaan de wijdingsvolmachten uit te oefenen (canones 976, 1048, 1335). In canon 1048 lijkt het belang van de clericus voorop te staan, in de canones 976 en 1335 het belang van de gelovigen. Niet geheel duidelijk is of en hoe deze bepalingen zich tot elkaar verhouden.

Ingeval de clericus niet tot inkeer komt en voortgaat met ergernis te geven, dienen verdere maatregelen (*privationes*, canon 1336.1.2) getroffen te worden met zelfs uiteindelijk de wegzending uit de clericale staat (canon 1394.1). De Codex kent met het oog hierop enkele bijzondere bepalingen. Canon 290.2 regelt, dat een clericus door een wettig opgelegde straf de clericale staat verliest. Het opleggen van een strafmaatregel is omkleed met de nodige materiële en processuele rechtswaarborgen die de belangen van de clericus waarborgen[18]. Zoals reeds betoogd vervallen door het verlies van de clericale staat alle ermee verbonden rechten en plichten (canon 292), maar betekent dit geen ontslag van de celibaatsverplichting (canon 291). Daartoe dient de clericus de paus dispensatie te vragen.

[17] HUYSMANS, R.G.W., *Algemene Normen van het Wetboek van Canoniek Recht*, (Reeks: Novum Commentarium Lovaniense, I), Leuven, Peeters, 1993, 344-349.

[18] Voor een gedetailleerde bespreking van het materiële en formele strafrecht in deze, zie HEIMERL, H., *o.c.*, 33-47.

Kortom, de trouwlustige clericus wordt met verregaande disciplinaire maatregelen getroffen: de uitoefening van de wijdingsvolmachten is hem verboden, alle kerkelijke functie zijn hem ontnomen en uiteindelijk wordt hij met het verlies van de clericale staat bedreigd. De celibaatsverplichting blijft echter bestaan.

Het celibaat is voor de wijding niet wezenlijk, maar secundair en subsidiair ter ondersteunig van de uitoefening van de pastorale functies. Ingeval nu een clericus een huwelijk wil sluiten, verliest hij alle kerkelijke bevoegdheden en uiteindelijk de clericale staat. Daarmee is de (dan) ex-clericus alles komen te ontvallen waarop de celibaatsverplichting steunt. Het wekt dan toch wel enige verbazing dat de celibaatsverplichting blijft bestaan en de ex-clericus alleen met dispensatie van de paus een huwelijk kan sluiten.

III. Slotbeschouwing

In deze slotbeschouwing wordt de uiteengezette regeling belicht vanuit enkele beginselen, die als fundamentele rechten en plichten inmiddels hun plaats hebben gevonden in de canonieke wetgeving: het recht op kerkelijke integratie en het recht op huwelijk.

Krachtens het doopsel delen alle gelovigen in het algemeen priesterschap van Christus en zijn zij als zodanig geroepen aan de opbouw en uitbouw van de kerk mee te werken (canones 849, 96, 204, 208). Op grond hiervan heeft iedere gelovige — hoe dan ook — het recht op een christenwaardige integratie binnen de kerkelijke gemeenschap. Het recht op huwelijk is een fundamenteel radicaal vrijheidsrecht dat iedere mens als zodanig toekomt (canon 1058). Huwelijk en gezin zijn een christenwaardige sacramentele levensstaat, die tot het welzijn van de kerk bijdraagt (canon 226.1).

De kerk dient gelovigen derhalve de mogelijkheid te bieden een kerkelijk huwelijk te sluiten, een gezin te stichten en het te onderhouden. De in het Handvest geformuleerde fundamentele beginselen verplichten ook de kerk en haar rechtsorde. Als auteur van het Handvest zou de kerk dit op voorbeeldige wijze dienen te doen.

A. Religieus leven

Omdat het celibaat wezenlijk is voor de religieuze levensstaat zijn religieus leven en huwelijksleven onverenigbaar. Een — hoe dan ook — ex-religieus is echter niet meer gebonden aan de evangelische raden.

Hem komen derhalve alle vrijheden en rechten van een leek toe en hij dient zich als leek binnen het kerkelijk leven te integreren.

Als leek heeft de ex-religieus het recht op een huwelijk. In tegenstelling tot het religieus leven, is het huwelijk tussen gelovigen een sacramentele levensstaat. Alhoewel de Codex een regeling kent voor de overgang van het eigen religieus instituut naar een ander (canones 684-685), is het toch verbazingwekkend dat de overgang van religieus leven naar een sacramenteel huwelijksleven canoniek zo moeizaam is.

De religieus die een huwelijk, ook louter burgerlijk, waagt, verliest ipso facto de religieuze levensstaat, maar wordt ook door een interdict getroffen, waardoor hij of zij niet in staat is een sacramenteel huwelijk te sluiten. Als ex-religieus geniet de gelovige echter het recht op een huwelijk en dient een sacramenteel huwelijks- en gezinsleven ook kerkelijk te kunnen realiseren. Het interdict dient zo spoedig mogelijk opgeheven te worden, zodat dit huwelijks- en gezinsleven zich sacramenteel binnen het kerkelijk leven kan integreren.

De ex-religieus dient in beginsel als leek ook in staat te zijn binnen de kerk bepaalde ambten, bedieningen en functies uit te oefenen. Dit kan hem/haar niet categorisch geweigerd worden. Ingeval van uittreding werd dit reeds in 1971 door de Congregatie voor de Religieuzen uitdrukkelijk bevestigd[19]. Dit is zeker het geval indien de ex-religieus door de genoten kerkelijke vorming alleen door een kerkelijke functie in staat is in zijn of haar levensonderhoud te voorzien. De kerk draagt dan ook voor de sociaal-economische component van het kerkelijke huwelijks- en gezinsleven een zekere verantwoordelijkheid.

B. Gehuwde diaken

De gehuwde diaken, waarvan de echtgenote overleden is, kan geen nieuw huwelijk sluiten, omdat het huwelijksbeletsel van wijding een nieuw huwelijk in de weg staat. De diaken dient conform canon 1078 bij de Heilige Stoel dispensatie te vragen, die om een goede reden met het oog op het welzijn van de gelovigen wordt verleend (canones 85, 87, 900)[20].

[19] "*La SC pro Religiosis in Plenum 14-25/9/1971`Se il canon 642 del Codice di Diritto Canonico possa essere sospeso, cosicché i religiosi sciolti regolarmente dai voti siano in grado di conseguire e di ritenere qualsiasi ufficio, beneficio o incarico ecclesiastico, senza lo speciale permesso della Santa Sede*". R. Affirmative (Circolare Prot. N. Sp. R. 90/70 2-2-1972). Deze uitspraak werd door paus Paulus VI op 18 november 1971 geaprobeerd. Geciteerd uit: LOBINA, G., *o.c.*, 126.

[20] De (eertijds) gehuwde diaken behoeft geen dispensatie van de celibaatsverplichting (cf. canon 291), omdat hij zich nooit tot het celibaat verplicht heeft. Alleen het huwelijksimpediment (canon 1087) staat een geldige huwelijkssluiting in de weg.

De dispensatie is mijns inziens "ipso facto et iure" gerechtvaardigd. Het huwelijk is een fundamenteel radicaal mensenrecht en tussen gedoopten een sacramentele levensstaat die bijdraaagt tot het welzijn van de kerk en de gehele samenleving. De gehuwde diaken heeft zich noch rechtens noch moreel tot het celibaat verplicht. Hij heeft dus nooit zijn recht om te huwen beperkt of er afstand van gedaan. Integendeel, hij is als gehuwde diaken gewijd. Huwelijk en diakonale wijding gaan blijkbaar goed samen. Omdat de diaken van zijn recht om te huwen geen afstand gedaan heeft, maar als gehuwde wil leven, en diaconaat en huwelijk goed samengaan, geniet de (eertijds) gehuwde diaken onbeperkt het recht om een huwelijk te sluiten en bestaat er geen reden om dispensatie te weigeren.

Wat betreft het huwelijksbeletsel van wijding, dient dit — mijns inziens — voor de diaken te vervallen.

C. Clerici

De clericus die wil huwen en dit eventueel waagt door een louter burgerlijk huwelijk te sluiten, komt kerkelijk in een isolement terecht. De wijdingsvolmachten mag hij niet meer uitoefenen, alle kerkelijke functies en bevoegdheden zijn hem ontnomen en uiteindelijk komt de clericale staat hem te ontvallen. De celibaatsverplichting blijft bestaan. De ex-clericus kan dus geen kerkelijk huwelijk sluiten. Wat hij beoogt — een huwelijk — is onbereikbaar. Wat hij niet beoogt — verlies van de clericale staat — voltrekt zich disciplinair.

De clericus kan dispensatie vragen. Dit kan op verschillende gronden berusten. Het is mogelijk dispensatie aan te vragen wegens een wijdingsirregulariteit conform canon 1047.3. Dit lijkt mij niet zinnig, omdat deze dispensatie beoogt de uitoefening van de wijdingsvolmachten mogelijk te maken en op zichzelf een huwelijk niet toestaat. Het lijkt voor de hand te liggen, dispensatie van het huwelijksimpediment van wijding conform canon 1078 te vragen. Deze dispensatie zal echter niet kunnen worden verleend, omdat de clericus aan de celibaatsverplichting gebonden is. Van de celibaatsverplichting kan krachtens canon 291 alleen de paus dispensatie verlenen. Deze dispensatie wordt dus in samenhang met (het verlies van) de clericale staat geregeld en niet in samenhang met het beoogde huwelijk. Dit is niet zonder betekenis. Immers, het beoogde huwelijk kan de dispensatie niet rechtvaardigen, maar de rechtvaardiging ervan wordt in samenhang met de clericale staat en de ontvangen wijdingen gewikt en gewogen. Dit blijkt ook uit de met het oog hierop door de Congregatie voor de Geloofsleer in 1980 gepubliceerde brief. In dit schrijven wordt de dispensatieverlening in nauwe samenhang met de ontvangen wijdingen gebracht en zo in nauwe samenhang met de clericale staat. Alleen de omstandigheid dat een persoon eigenlijk niet gewijd had moeten worden, rechtvaardigt de dispensatie[21].

Deze beoordelingsbasis is smal en mijns inziens dienen de volgende omstandigheden erbij betrokken te worden:

— Het huwelijk als een fundamenteel en radicaal mensenrecht en tussen gedoopten een sacramentele levensstaat.
— Sacramentele wijding en huwelijk sluiten elkaar principieel niet uit, maar kunnen in beginsel samengaan, zoals bij de diakenwijding blijkt.
— Het celibaat is voor de clericus een secundaire en subsidiaire verplichting, die het gewijde leven dient te ondersteunen. Indien in concreto het celibaat het leven van een gewijde niet (meer) ondersteunt, maar eerder belemmert, waarin vindt het celibaat dan zijn rechtvaardiging? Ingeval een clericus wil huwen en al zijn kerkelijke bevoegdheden en functies en uiteindelijk zijn clericale staat verliest, waarin bestaat dan de rechtvaardigingsgrond voor het instandhouden van de celibaatsverplichting? Juist ingeval de clericus de clericale staat verliest, mist het celibaat iedere rechtvaardiging en dient de exclericus vrij te zijn om een huwelijk te sluiten.

Kortom, een eventuele dispensatieverlening dient ook in samenhang met het beoogde huwelijk te worden afgewogen.

De Congregatie benadrukt dat er geen recht op dispensatie bestaat, dat dispensatie niet uit gewoonte wordt verleend en alleen in nederigheid gedane verzoeken daartoe in behandeling worden genomen[22]. Maar de canonist Francesco de Suarez (1548-1619) betoogde reeds, dat het verlenen van dispensatie onder omstandigheden een plicht der rechtvaardigheid kan zijn[23].

[21] "De modo procedendi in examine en resolutione petitionum quae dispensationem a caelibatu respiciunt", *AAS*, 72 (1980), 1132-1137, in het bijzonder n. 5.

[22] De mode procedendi, *o.c.*, nn. 3, 5, 1133-1134.

[23] Heimerl, H., *o.c.*, 65-69, zie ook Meijers, T., "De dispensatiebevoegdheid van de diocesane bisschop. Een advocaten pleidooi voor een nieuwe bisschoppelijke praxis", in Warnink, H. (ed.), *Ius propter homines. Kerkelijk Recht op Mensenmaat*, Leuven, Peeters, 1993, 75-89.

Dispensatie is een "gunst"verlening en als zodanig met weinig materiële en processuele rechtswaarborgen omkleed. Heimerl toont aan dat ook met het oog op de dispensatie van het celibaat een goede rechtsregeling ontbreekt. Door het "gunst" karakter ervan kan een aanvrager lange tijd in onzekerheid zijn en de middelen ontbreken hem om in rechte te ageren en zich — zo nodig — te verweren. Heimerl pleit dan ook voor een goede met rechtswaarborgen omkleedde rechtsgang, waarin het belang van de aanvrager centraal staat[24]. Aan de argumentatie dient mijns inziens toegevoegd te worden, dat hier het recht op huwelijk (canon 1058) in het geding is en gelovigen recht hebben op een eerlijke rechtsgang, waarin zij hun rechten kunnen opeisen en verdedigen (canon 221.1). Het recht om te huwen kan toch niet van een "gunst" regeling afhangen?

Ingeval van dispensatie kan de ex-clericus een huwelijk sluiten. Aan de dispensatie zijn echter een aantal verstrekkende gevolgen verbonden[25]:

- De dispensatie omvat onlosmakelijk het verlies van de clericale staat, dispensatie van de evangelische raden en opheffing van de kerkelijke straffen;
- Een eventueel kerkelijk huwelijk dient modest gevierd te worden "sine pompa et exteriore apparatu";
- De dispensatie betekent het verlies van alle clericale rechten, waardigheden en kerkelijke ambten;
- De gedispenseerde mag geen gewijde bedieningen uitoefenen noch leidinggevende pastorale ambten bekleden; geen taken vervullen aan seminaries of convicten; geen leidingegevende taken of doceerambten bekleden aan kerkelijke theologische hogescholen; en in beginsel geen leidinggevende taken of doceerambten vervullen aan middelbare scholen of basisonderwijs[26];
- Hij moet ergens wonen waar men geen weet heeft van zijn clericaal verleden.

De ex-clericus kan dan weliswaar een huwelijk sluiten, maar komt hierdoor wel in een kerkelijk isolement terecht. Doordat zijn mogelijkheden

[24] Heimerl, H., *o.c.*, 75-89. Voor een gedetailleerde beschrijving van de procedure, zie Ferrara, V., "Normae substantivae ac procedurales nunc vigentes in pertractandis causis de dispensatione a coelibatu sacerdotali", *Ap*, 62 (1989), 513-540.

[25] Voor de tekst van het rescript, zie bijlage I.

[26] Huysmans betwijfelt de wettigheid van deze voorwaarde en geeft daarvoor een canonieke argumentatie. Huysmans, R.G.W., "Kan een gedispenseerde priester rechtens in pastoraal en liturgie werkzaam zijn?", *Praktische Theologie*, 14 (1987), 576-582.

om kerkelijke pastorale functies uit te oefenen in verregaande mate beperkt zijn, is de conclusie gerechtvaardigd dat de gedispenseerde exclericus minder is dan een leek.

Maar ook de gedispenseerde ex-clericus heeft als gedoopte gelovige recht op een waardige integratie binnen de kerkelijke gemeenschap. De documenten van de Bisschoppensynode van 1971 over het priesterschap vragen voor de priesters die hun bediening verlaten hebben billijkheid en broederlijkheid (*aeque et fraterne*). Ook de brief van de Congregatie van 1980 beklemtoont de rechtvaardigheid en welwillendheid (*iustitia et caritate*) in acht te nemen. Het dispensatierescript urgeert, dat de gedispenseerde clericus als gelovige een kerkelijk leven moet leiden[27].

Maar impliceert dit niet dat de gedispenseerde ex-clericus de positie van de leek dient te genieten? Gaat de kerk niet te ver door de gedispenseerde ex-clericus te verbieden pastorale functies te bekleden, die in principe wel aan leken worden verleend? Een ex-clericus zal door zijn vorming en leven als gewijde eigenlijk alleen door het bekleden van een kerkelijke functie in zijn levensonderhoud en dat van zijn gezin (mede) kunnen voorzien. En ook de gedispenseerde ex-clericus heeft recht op een waardig (sacramenteel) christelijk huwelijks- en gezinsleven. Waarom drijft de kerk de gedispenseerde ex-clericus en zijn gezin in een kerkelijk en maatschappelijk isolement? De kerk dient de in haar Handvest geformuleerde maatschappelijke verantwoordelijkheid voor huwelijk en gezin ook zelf te realiseren.

D. Vrouw en kinderen

Tot slot een enkele opmerking over de eigenlijke slachtoffers van deze kerkelijk disciplinaire gang van zaken: de positie van vrouw en kinderen.

Het enige dat de Codex regelt is, dat degene die met een religieus of clericus waagt te huwen, als medepleger of medeplichtige verantwoordelijk kan zijn (canon 1329).

Maar ook de echtgenote heeft een recht op huwelijk en ingeval zij gedoopt is een recht op een sacramenteel huwelijksleven (canon 1058). De kinderen, die van het huwelijks- en gezinsleven deel uitmaken hebben toch recht op een christelijk gezinsleven en recht op een christelijke

[27] Documenta Synodi Episcoporum, De Sacerdotio ministeriali, 30 Novembris 1971, *AAS*, 63 (1971), 917; De modo procendendi, *o.c.* n. 3, 1134; Rescript: "...ratione congruendi cum nova eius vivendi condicione, participet, aedificationem praestet et ita amantissimum Ecclesiae filium se exhibeat".

opvoeding, waarvoor de ouders de eerste verantwoordelijken zijn (canones 217, 226, 793, 1135, 1366).

De kerk draagt hiervoor verantwoording (canon 1063). Wat betreft een te sluiten huwelijk door een ex-religieus, een eertijds gehuwde diaken of ex-clericus dient met de christelijke waardigheid en integriteit van deze mensen rekening te worden gehouden. Ook zij genieten het recht op een binnen de christelijke gemeenschap geïntegreerd (sacramenteel) huwelijks- en gezinsleven.

Kortom. De canoniekrechtelijke ordening van de onderlinge verhouding tussen celibaatsverplichting en het huwelijk dient ten gunste van het huwelijk en het gezin opnieuw te worden herdacht. Het recht op huwelijk als een fundamenteel radicaal mensenrecht en de sacramentele waardigheid van het huwelijks- en gezinsleven urgeren een innovatie met het oog hierop van het religieuzen- en clerusrecht.

BIJLAGE

CONGREGATIO PRO DOCTRINA FIDEI

Prot. N.......
D. nus........
....

petiit dispensationem a sacerdotali coelibatu.

SS. mus D.N. IOANNES PAULUS, Divina Providenta Papa II

die......................................habita relatione de casu a
Congregatione pro Doctrina Fidei, precibus annuit iuxta sequentes rationes:

1. Rescriptum vim suam exserit a momento notificationis a competenti Auctoritate ecclesiastica oratori factae, et amplectitur inseparabiliter dispensationem a sacerdotali coelibatu et simul amissionem status clericalis. Numquam oratori fas est duo illa elementa seiungere, seu prius accipere et alterum recusare. Si vero orator estt religiosus, Rescriptum continet etiam dispensationem a votis; idemque insuper secumfert absolutionem a censuris, quatenus opus sit.

2. Notitia concessionis dispensationis adnotetur in Libris baptizatorum paroeciae oratoris.

3. Quod attinet ad celebrationem canonici matrimonii, applicandae sunt normae quae in Codice Iuris Canonici statuuntur. Ordinarius vero curet ut res caute peragantur sine pompa vel exteriore apparatu.

4. Auctoritas ecclesiastica, ad quam spectat Rescriptum cum oratore communicare, hunc enixe hortetur, ut vitam Populi Dei, ratione congruendi cum nova eius vivendi condicione, participet, aedificationem praestet et ita amantissimum Ecclesiae filium se exhibeat. Simul autem eidem notum faciat ea quae sequuntur:

a) sacerdos dispensatus eo ipso amittit iura statui clericali propria, dignitates et officia ecclesiastica; ceteris obligationibus cum statu clericali conexis non amplius adstringitur;

b) exclusus manet ab exercitio sacri ministerii, iis exceptis de quibus in cann. 976, 986 2° ac propterea nequit homiliam habere. Insuper nequit fungi ministerio extraordinario sacrae Communionis distribuendae nec potest officium gerere directivum in ambitu pastorali;

c) item nullum munus absolvere potest in Seminariis et in Institutis aequiparatis. In aliis Institutis studiorum gradus superioris, qui quocumque modo dependent ab Auctoritate ecclesiastica, munere directivo vel officio docendi fungi nequit;

d) in iisdem vero Institutis studiorum gradus superioris ab Auctoritate ecclesiastica non dependentibus nullam disciplinam proprie theologicam vel cum ipsa intime conexam tradere potest;

e) in Institutis autem studiorum gradus inferioris dependentibus ab Auctoritate ecclesiastica munere directivo vel officio docendi fungi nequit nisi Ordinarius, pro suo prudenti iudicio et remoto scandalo, ad munus docendi quod attinet, aliter decernere aestimaverit. Eadem lege tenetur sacerdos dispensatus in tradenda Religione in Institutis eiusdem generis non dependentibus ab Auctoritate ecclesiastica.

5. Per se sacerdos a sacerdotali coelibatu dispensatus, et a fortiori sacerdos matrimonio iunctus, abesse debet a locis in quibus eius antecedens condicio nota est. Ordinarius loci commorationis oratoris tamen, audito quatenus opus erit, Ordinario incardinationis vel Superiore maiori religioso, dispensare poterit ab ista clausula Rescriptum afficienti, si oratioris praesenta scandalum paritura non praevideatur.

6. Denique ei aliquod opus pietatis vel caritatis imponatur. Tempore autem opportuno breviter ad Congregationem de peracta exsecutione referatur, et si qua tandem fidelium admiratio adsit, prudenti explicatione provideatur.

Contrariis quibuscumque minime obstantibus.

Ex Aedibus C. pro Doctrina Fidei, die....

VAN TROUWEN GESPROKEN
BESCHOUWINGEN OVER DRIE EEUWEN HUWELIJK

E.C. COPPENS

Het huwelijk, met alle verwante thema's, scoort hoog op de lijst van de meest bestudeerde en beschreven historische fenomenen. Er is over de geschiedenis en de toepassing van het huwelijksrecht zelfs zoveel geschreven dat men nauwelijks nog een thema kan vinden om iets nieuws toe te voegen aan het al bekende verhaal[1]. Dit zou ons zelfs kunnen verleiden tot de stelling dat wie kennis wil nemen van de evolutie in de historiografie van de laatste eeuwen, dat uitstekend kan doen door de genres in de geschiedschrijving van het huwelijk te bestuderen. Uiteraard gaat daarbij veel aandacht naar de middeleeuwse geschiedenis, maar ook de meer recente tijden blijven niet buiten de belangstelling. In de laatste decennia is bijvoorbeeld veel aandacht uitgegaan naar de geschiedenis van huwelijk en echtscheiding[2] van de achttiende eeuw tot vandaag[3] — ook in hun sociologische en demografische aspecten[4] — en naar de secularisering van huwelijk en familie[5] door het functieverlies

[1] De vrees voor de onvermijdelijke onvolledigheid kan er mij niet van weerhouden toch naar enkele interessante recente publikaties te verwijzen. Men kan hierbij niet voorbijgaan aan het belangrijke werk dat op dit terrein werd gepresteerd door BUCHHOLZ, S., Recht, Religion und Ehe: Orientierungswandel und gelehrte Kontroversen im Übergang von 17. zum 18. Jahrhundert, Frankfurt a. M., Klostermann, 1988, (reeks: Ius Commune, nr. 36), XI + 494 p. Voorts is er het handboek van GAUDEMET, J., *Le mariage en occident. Les moeurs et le droit*, Parijs, Cerf, 1987, 520 p.; recent verscheen ook GANGHOFER, R. (ed.), *Le droit de la famille en Europe, son évolution depuis l'antiquité jusqu'à nos jours. Actes des Journées d'Histoire du Droit*, Straatsburg, Presses Universitaires, 1992, XVI + 877 p. Artikelen en boekbijdragen kunnen hier niet worden vermeld, hoe belangwekkend sommige ook zijn.

[2] Dessertine, D., *Divorcer à Lyon sous la Révolution et l'Empire*, Lyon, Presses Universitaires, 1981, 387 p.; Phillips, R., *Putting asunder: a History of Divorce in Western Society*, Cambridge, Cambridge University Press, 1988.

[3] Men leze de reeds gedateerde bundel *Mislukt huwelijk en echtscheiding. Een multidisciplinaire verkenning onder voorzitterschap van Prof. Dr. V. Heylen*, (reeks: Sociologische verkenningen, nr. 2), Leuven, Universitaire Pers, 1973, 258 p.

[4] Bijvoorbeeld VAN POPPEL, F., *Trouwen in Nederland. Een historisch-demografische studie van de 19e en vroeg-20e eeuw*, (reeks: A.A.G.-Bijdragen, nr. 33), Wageningen, Landbouwuniversiteit, 1992, XX + 654 + 4 p.

[5] GARAUD, M. en SZRAMKIEWICZ, R., *La révolution française et la famille*, Parijs, PUF, 1978, XII + 270 p. Voor Nederland o.m. Huussen, A.H. jr., *De codificatie van het Nederlandse huwelijksrecht, 1795-1838. Geschiedenis en analyse van de ontwikkeling van de huwelijkswetgeving en van de opvattingen omtrent huwelijk en gezin op het eind*

van het kerkelijk recht. Onze tijd zou zichzelf niet zijn als er niet ook sexuologische[6] en feministische[7] studies over het huwelijk(srecht) zouden verschijnen. De hierna volgende korte bijdrage over de recente geschiedenis van het huwelijk kan dus niets meer zijn dan een theoretische duiding tegen het licht van zowel de canonieke als de civielrechtelijke ontwikkelingen.

Hierbij gaan wij uit van drie stellingen, die de processen welke zich in het verleden hebben voorgedaan in een apart daglicht moeten stellen.

1. Het canoniek huwelijksrecht heeft in zich steeds de kiemen gedragen van zijn eigen functieverlies, hetgeen uiteindelijk moest leiden tot een overname van het huwelijksrecht door de civiele wetgever. Deze evolutie is reeds op verschillende wijzen beschreven door auteurs als Esmein, Le Bras, Huizing en Gaudemet[8].
2. Niettegenstaande zovele officiële verklaringen van de kerkelijke verantwoordelijken is de Kerk, net zo min als haar leden, echt ongelukkig geweest met de invoering van het burgerlijk huwelijk.
3. Evenzeer als het kerkelijk heeft ook het burgerlijk huwelijk geleden aan zijn eigen tekortkomingen, die op een andere wijze eveneens rechtstreeks of onrechtstreeks hebben geleid tot een niet onaanzienlijk functieverlies.

van de achttiende en het begin van de negentiende eeuw, Amsterdam, Holland Universiteit pers, 1975, XV + 315 p.; Haks, D., *Huwelijk en gezin in Holland in de 17e en 18e eeuw. Processtukken en moralisten over aspecten van het laat-17e en 18e-eeuwse gezinsleven*, Assen, Van Gorcum, 1982, XVI + 296 p. Verder ook Dilcher, G. (ed.), *Christentum und modernes Recht. Beiträge zum Problem der Säkularisation* (reeks: Suhrkamp-Taschenbuch, Wissenschaft, nr. 421), Frankfurt a. M., 1984, 408 + 4 p.

[6] Bijvoorbeeld BRUNDAGE, J., *Law, sex and Christian society in medieval Europe*, Chicago, The University of Chicago Press, 1987, XXIV + 674 p.; PHAYER, J.M., *Sexual liberation and religion in nineteenth century Europe*, Londen, Croom Helm, 1977, 176 p. Een ietwat ouder, maar zeer bekend voorbeeld vormen de boeken van VAN USSEL, J., *Geschiedenis van het seksuele probleem*, Meppel, Boom, 1968, 440 p.; IDEM, *Intimiteit*, Deventer, Van Loghum Slaterus, 1975, 278 p. Een wat latere maar niet minder typische uiting van de gesculariseerde visie op de sexualiteit is CHEVERNY, J., *Sexologie de l'Occident*, Parijs, Hachette, 1976, 661 p.

[7] Zo bijvoorbeeld SEVENHUYSEN, S., *De orde van het vaderschap. Politieke debatten over ongehuwd moederschap, afstamming en het huwelijk in Nederland, 1870-1900*, (reeks: Studies en Essays, nr. 6), Amsterdam, Stichting Beheer I.I.S.G., 1987; BRAUN, M J., *De prijs van de liefde. De eerste feministische golf, het huwelijksrecht en de vaderlandse geschiedenis*, Amsterdam, Het Spinhuis, 1992, 443 p.

[8] ESMEIN, A., "La juridiction de l'église sur le mariage en Occident. Etude historique", *Revue historique de droit français et étranger*, XIV (1890), 173-221; LE BRAS, G., "La doctrine du mariage chez les théologiens et les canonistes depuis l'an mille", *Dictionnaire de Théologie Catholique*, dl. 9, 1926, kol. 2123-2317; HUIZING, P., *De Trentse huwelijksvorm. Rede*, Hilversum-Antwerpen, Brand, 1966, 22 p.; IDEM, "La dissolution du mariage depuis le Concile de Trente", *Le lien matrimonial. Colloque du CERDIC*, Straatsburg, Cerdic, 1970, 127-145; GAUDEMET, J., *o.c.*, passim.

Achter deze drie stellingen zit een langzaam voortschrijdend historisch proces, dat in de literatuur gemakshalve wordt aangeduid met de termen desacralisering of secularisatie, een term die bij velen in de twee laatste eeuwen een gevoelige snaar heeft geraakt. Men kan dan ook constateren dat veel auteurs zich uitgebreid, impliciet of expliciet met dit centrale thema bezig houden. Het besef van de secularisatie is vooral na het tweede Vaticaans concilie immers ook in katholieke kringen levend geworden. Gewezen op de noodzaak van *aggiornamento* is men zich ook daar steeds meer bewust geworden van de seculariserende invloed van de industriële maatschappij op de voorheen sterk door het godsdienstige beïnvloede sociale en familiale leven[9]. Spreken wij over de secularisering van het huwelijk, dan dringt zich wel de vraag op, wat daaronder dan wel moet worden verstaan. Iedereen heeft wel enig idee van wat secularisatie is — iets in de trant van: wat eens ons gemeenschapsmissaal was, wordt nu gebruikt als boekensteun — maar het vreemde is, dat de wetenschappelijke definities vaak niet veel verder komen dan het expliciteren van dat vóórwetenschappelijk besef in enkele moeilijke woorden.

Toegepast op het huwelijk zou men zich overigens ook kunnen afvragen of de secularisatie wel zo gewichtig is geweest. De Franse filosoof C. Parreaux opperde enkele jaren geleden nog dat niet de secularisering een probleem vormde, maar juist de sacralisering van het huwelijk[10]. In zijn opvatting hebben wij de normen die het individueel geweten oplegt aan de menselijke liefde gesacraliseerd door de instelling van het huwelijk te spiegelen aan het symbool van de relatie tussen Christus en zijn bruid, de Kerk. Daardoor hebben wij de onverbrekelijke instelling te veel benadrukt en de liefde uit het oog verloren. Alsof de bruid steeds even trouw is gebleven aan haar Bruidegom... Het is een wat uitdagende gedachte, die in al haar eenvoud goed in een krant past, maar als zij tot denken aanzet mag zij wel eens geformuleerd worden. In al haar consequenties doordacht is zij echter niet meer dan een *quid pro quo*: secularisatie en sacralisering zijn de twee keerzijden van een en dezelfde werkelijkheid.

Alvorens ons tot de drie hierboven aangekondigde stellingen te keren, moet nog een tweede angel uit het vlees worden gehaald. Een analyse

[9] Een voorbeeld daarvan is te lezen in het werk van Acquaviva, S.S., *L'eclissi del Sacro nella Civiltà Industriale,* Milaan, 1966, later vertaald onder de titel *The Decline of the Sacred in Industrial Society,* Oxford, Blackwell, 1979, XIII + 289 p., waarin een uitvoerige bibliografie.

[10] Parreaux, C., "Le mariage ou l'amour?", *Le Monde*, 12-12-1980, 2.

van "wat er met het huwelijk aan de hand is" of van wat er "met het huwelijk is verkeerd gelopen", is op zichzelf niet wetenschappelijk, omdat men er al bij voorbaat van uitgaat dat het 'verkeerd' is gelopen. Evenmin wetenschappelijk is de achterliggende bedoeling: welke lessen kunnen wij uit de geschiedenis trekken opdat het in de toekomst 'beter' zou gaan. Een historisch verhaal kan nooit de bedoeling hebben een handreiking te zijn voor de revalorisatie van het huwelijk. Uit de geschiedenis valt namelijk geen lering te halen, tenzij dat de mensen uit de geschiedenis niets leren. Wanneer hier over 'zwakke punten' of 'deficiënties' wordt gesproken, wordt dus niet gerefereerd aan de huidige normstellingen betreffende het christelijk huwelijk, maar wel aan de historische normstelling: hoe kunnen wij begrijpen dat het oude recht te kort schoot in het realiseren van de zelf gekozen doelstellingen? Men mag met des te meer reden deze vraag stellen, aangezien van de middeleeuwen tot vandaag het recht zeer teleologisch van aard is, tot zelfs — uiteindelijk — uitmondt in een metafysische of, afhankelijk van de geloofsovertuiging, theologische doelstelling[11].

1. De deficiënties van de canonieke doctrine

In feite zou dit exposé in de middeleeuwen moeten beginnen en wel met een onderzoek naar de greep van het rationalisme op de juridische categorieën, met name op het huwelijksrecht — en alle gevolgen daarvan. Die geschiedenis is echter reeds voldoende bekend, ook van de problemen die de klassieke canonieke doctrine ondervond bij de toepassing. Men denke maar aan het probleem van de gefaseerde *sponsalia*, de onzekerheid van het aangaan van de band, dat van de *matrimonia praesumpta*, de moeilijkheden die de Kerk ondervond bij het realiseren van de vrijheid van huwelijk en de spanningen met de tijdelijke macht op het vlak van de ouderlijke toestemming, naast de verovering van de exempte rechtspraak m.b.t. het *vinculum*. Hier passen ook de problemen met het celibaat onder, aangezien het celibaatsvereiste rechtstreeks gekoppeld is aan een duidelijke definitie van het huwelijk. Het sacrale karakter van het huwelijk, en het zeer hoge ideaal van de onverbreekbaarheid daarmee verbonden, leidden tot spanningen, in die mate dat men zelfs kan spreken van een dichotomie tussen recht en werkelijkheid.

[11] Toegepast op het thema: DOYLE, T.P., "The Individual's Right to marry in the context of the Common Good", *SC. Revue Canadienne de Droit Canonique*, 13, 2 (1979), 245-301. Zie ook WEIGAND, R., Das göttliche Recht: Voraussetzung der mittelalterlichen Ordnung, *Chiesa, Diritto e ordinamento della 'Societas Christiana' nei secoli XI e XII*, Milaan, Vita e Pensiero, 1986, 113-137.

Reeds Luther heeft de vinger gelegd op enkele pijnlijke plekken in het canoniek huwelijksrecht: hij wees op de innerlijke tegenstelling tussen het hoog ideaal en de fervente verdediging van de onverbreekbaarheid van het huwelijk enerzijds en anderzijds de wankele toepassing van dat ideale recht, zodat het kerkelijk recht in zichzelf de kiemen droeg van de eigen mislukking op dit terrein. Men beschermde het huwelijk door een uitgebreid stelsel van bloed- en aanverwantschap, evenals spirituele verwantschap, in de canonieke gradencomputatie. Dit stelsel van potentiële nietigheden moest bijna onvermijdelijk de onverbreekbaarheid van het huwelijk aantasten zodra de mobiliteit van de bevolking ging toenemen en dus de sociale controle evenredig afnam. Men verdedigde de vrije wilsovereenstemming als een wezenlijke vereiste voor de geldigheid van het huwelijk omdat dit de beste basis was voor een liefdevolle gezinsgemeenschap. Daardoor wees men de ouderlijke toestemming als vereiste af, zodat men wel genoodzaakt was de ongehoorzaamheid van zoon of dochter tot een zware zonde te verklaren, wilde men de familiale solidariteit nog op een of andere wijze redden. De civiele wetgever wist daar wel raad op: in tal van steden en gewesten werden zware straffen voorzien op huwelijken gesloten zonder toestemming van de ouders. Het kon niet anders dan dat de competentie van de Kerk in huwelijkszaken op die manier in het gedrang moest komen. De Kerk had echter weinig keuze: de aanvaarding van de ouderlijke toestemming als geldigheidsvereiste voor het huwelijk moest onvermijdelijk leiden tot opgedrongen huwelijken en vrije relaties naast het huwelijk, met de daaruit geboren bastaarden. Nu was het bestrijden van de kwaal van overspel en concubinaat juist een van de voornaamste redenen waarom de Kerk de competentie over het huwelijk opeiste.

De kerkelijke doctrine had vooral oog voor de huwelijksband en de persoonlijke relatie tussen de gehuwden. Zij hield zich veel minder onledig met de vermogensrechtelijke aspecten van de relatie, welke eerlijk gezegd — hoe hoog men de idealen moge stellen — een grote rol kunnen spelen in het dagelijks leven. In het Romeins recht was de situatie net andersom: toen ging de meeste aandacht naar de vermogensrechtelijke aspecten, daar waar het huwelijk in de persoonsrechtelijke zin ternauwernood tot het terrein van de wetgever behoorde. Het hanteren van de *affectio maritalis* als basis voor het huwelijk was voor het oude Rome voldoende. Op dit punt leefde de Kerk niet volgens het Romeins recht. Het is misschien juist hierom dat zij haar recht vooral op de huwelijksband concentreerde: het was het voornaamste gebied waarop het Romeins recht aanvulling behoefde.

Een belangrijke vraag in verband met de spanning tussen recht en werkelijkheid was natuurlijk welke middelen de kerk ten dienste stonden om de door haar gestelde regels op dit vlak af te dwingen. Er was ongetwijfeld in vele gevallen de sociale controle, die voldoende had aan enkele eenvoudige en duidelijke regels. Vaak echter werkte die controle niet. Men denke maar aan het lastige terrein van de verkenning van de huwelijksmarkt en de spanning tussen ouders en kinderen op dit vlak. Ouders sloten trouwbeloften af voor hun kinderen, die later die beloften niet honoreerden. Jonge mensen zelf gebruikten de figuur van de trouwbelofte om een partner te vinden of om die partner verder te brengen dan voor ongehuwden gepast scheen. De daarover rijzende problemen kwamen voor de kerkelijke rechter, aan wie in de meeste gevallen alleen een geldboete ter beschikking stond om de gelaedeerde schadeloos te doen stellen. Men kent de meest voorkomende constructie: onderzoek naar vaderschap, waarna de 'schuldige' in de regel werd veroordeeld tot het betalen van schadevergoeding voor het verbreken van de trouwbelofte en voor de defloratie, betalen van kraambedkosten en van alimentatie voor het uit de verbintenis geboren kind[12]. Voor het afdwingen van de schadevergoeding stond voor de kerkelijke rechter geen andere weg open dan die van een beroep op de sterke arm. Ook hier ligt een bron van het functieverlies: het ligt voor de hand dat de tijdelijke macht de kerkelijke rechtspraak ook zou gaan toetsen alvorens over te gaan tot medewerking met een eventueel sociaal onwenselijk optreden. De techniek van het *appel comme d'abus* heeft in de loop van de zeventiende en de achttiende eeuw stelselmatig de kerkelijke competentie uitgehold, tot zij rond 1800 praktisch onbestaande is geworden[13].

Het verlies aan eenstemmigheid

Toch hoeft het niet zo te zijn dat het recht zijn functie verliest omdat het op gespannen voet met de werkelijkheid staat. Eigenlijk heeft het recht dat nodig, wil het recht zijn. Dat veronderstelt echter ook dat er één recht is, dat de werkelijkheid wil ordenen. Ten aanzien van het kerkelijk recht was dat sedert de zestiende eeuw niet meer het geval. Men denkt

[12] DE BROUWER, J., *De kerkelijke rechtspraak en haar evolutie in de bisdommen Antwerpen, Gent en Mechelen tussen 1570 en 1795*, Tielt, Veys, 1971-1972, 2 delen.

[13] Zie hierover CONRAD, J., "Die Grundlegung der modernen Zivilehe durch die französische Revolution", *Zeitschrift der Savigny-Stiftung für Rechtsgeschichte*, *GA*, 67 (1950), 336-372. Ook in de Zuidelijke Nederlanden verkozen rechtssubjecten vaak de burgerlijke rechter boven de kerkelijke; DE BROUWER, J., *De kerkelijke rechtspraak, o.c.*, deel 1, p. 25.

hierbij onmiddellijk aan de reformatie, waardoor de godsdienstige, culturele en de juridische homogeniteit van West-Europa werd verbroken.

Dat verlies van eenstemmigheid is echter — naar mijn oordeel — op een heel ander vlak van minstens even groot belang geweest: ook binnen de *Romana* was, ten aanzien van het huwelijksrecht, de eenstemmigheid verbroken. Dit is duidelijk te merken wanneer men het belangrijke decreet *Tametsi* van het concilie van Trente leest. Wie kritisch de tekst beoordeelt, moet al gauw tot de conclusie komen dat de concilievaders het ten aanzien van het huwelijk, helemaal niet met elkaar eens waren[14]. Men proeft dat zij bijna op de vuist zijn gegaan. Het concilie had de bedoeling duidelijkheid te scheppen over bepaalde problemen aangaande het huwelijk. Het tegendeel is echter te lezen.

Onduidelijk is vooreerst wie eigenlijk het huwelijk sluit. De traditie, en het meerderheidsstandpunt op het concilie, wilde dat het huwelijk een sacrament is, dat door de twee huwenden aan elkaar wordt toegediend. Het zijn man en vrouw die het huwelijk sluiten. Toch schemert het andere standpunt doorheen de tekst, daar waar wordt gesuggereerd, dat het de pastoor is die het huwelijk sluit. De tekst staat niet ver af van wat men toen de *copulatio sacerdotalis* noemde[15]. Deze onduidelijkheid leidde ertoe, dat men later nog lang discussieerde over wie het huwelijk nu toediende[16].

Onduidelijk is ook, wat de juridische status van het huwelijk was: is het een contract, en welk soort contract, of houden de concilievaders het op een instituut? Een aantal problemen raakte niet opgelost. *Tametsi* verklaarde wel dat clandestiene huwelijken geen wettige huwelijken waren, maar dat het toch geldige en echte (*rata et vera*) huwelijken waren, als ze maar uit vrije wil gesloten waren. Wettig waren zij evenwel niet. Wellicht is dit antwoord van belang voor de status van de kinderen uit de verbinding gesproten, voor het erfrecht van diegenen die een clandestien huwelijk sloten of voor het sanctioneren van vermogensrechtelijke afspraken tussen de echtgenoten. Een duidelijke situatie

[14] GAUDEMET, J., *o.c.*, 292-293.

[15] *Canones super reformatione circa matrimonium:* '... parochus, viro et muliere interrogatis, et eorum mutuo consensu intellecto, vel dicat: *Ego vos in matrimonium coniungo, in nomine Patris et Filii et Spiritus Sancti*, vel aliis utatur verbis, iuxta receptum uniuscuiusque provinciae ritum.' ALBERIGO, G., e.a. (ed.), *Conciliorum Oecumenicorum Decreta*, Bologna, Istituto per le scienze religiose, 1973, 756 regels 5-8. Noteer hierbij dat het concilie geen uniforme formule oplegde.

[16] Het probleem werd eigenlijk maar in de 19e eeuw opgelost, toen PIUS IX in zijn brief *Ad Apostolicae Sedis* van 22 augustus 1853 en LEO XIII in de encycliek *Arcanum divinae sapientiae* van 10 februari 1880 definitief beslisten in het voordeel van de partners. Deze lezing werd later door de Codex van 1917 bekrachtigd. Zie GAUDEMET, J., *o.c.*, 414.

was er echter niet door gegroeid. Wat was het verschil tussen deze clandestiene huwelijken en de trouwbeloften[17], waarop defloratie en conceptie waren gevolgd? Welke houding moest men aannemen tegenover de gewetenshuwelijken, die om aan de partners bekende redenen voor de gemeenschap verborgen werden gehouden, maar toch wettig waren? Deze en andere vragen maken duidelijk, dat de door Trente genomen maatregelen geen definitieve oplossing van de huwelijksproblemen betekenden. Daarover waren de concilievaders ook in twijfel, gezien het feit dat zij de echtgenoten vroegen nog niet samen te gaan leven alvorens de priester zijn zegen aan de verbintenis had gegeven.

Om nog een andere reden leidden de conciliebepalingen niet tot eenstemmigheid. De concilievaders waren het in die mate oneens, dat de vergadering uiteindelijk besloot dat de decreten van Trente alleen verbindend zouden zijn in die gebieden waar zij op een regelmatige manier van de kansel waren afgekondigd[18]. Dit is een niet zo abnormaal besluit, ware het niet dat in vele streken van Europa de conciliebepalingen niet werden geaccepteerd door de tijdelijke machthebbers, noch door de hogere clerus — om redenen die dit bestek te buiten gaan. Voor bepaalde gebieden is het trouwens lang onduidelijk geweest of en wanneer de tridentijnse bepalingen gelding kregen[19]. Dit waren bijvoorbeeld de streken die onder de reformatie vielen. Ook katholieke gebieden echter volgden slechts met tegenzin. Dat was het geval met Spanje. Frankrijk heeft de tridentijnse bepalingen trouwens zelfs niet als zodanig overgenomen, maar ze met enige vertraging — en krachtens vorstelijk recht (de Ordonnance van Blois van 1579) met strengere bepalingen verzwaard — ingevoerd[20].

Een gevolg van deze toestand was, dat de oude homogeniteit — als die al ooit bestaan had — van het christelijke continent op het vlak van

[17] De Kerk ging slechts zeer aarzelend over tot een regeling van de praktijk van de trouwbelofte, op een moment dat de civiele wetgever in verschillende Europese landen het absolute verbod naar onderzoek van vaderschap alweer verzwakte en andere wegen zocht om de *verloving* toch op een of andere wijze te sanctioneren. Over de kerkelijke politiek dienaangaande: DE SMET, A., *De sponsalibus et matrimonio,* Brugge, Beyaert, 1920, deel 1, 7 e.v.

[18] 'Decernit insuper, ut huiusmodi decretum in unaquaque parochia suum robur post triginta dies habere incipiat, a die primae publicationis in eodem parochia factae numerandos'. ALBERIGO, G., *o.c.*, 757, regel 1-3.

[19] Voor wat beteft de Nederlanden, zie WILLOCX, F., *L'introduction des décrets du concile de Trente dans les Pays-Bas et dans la principauté de Liège,* Leuven, Uystpruyst, 1929, XXX + 318 p.

[20] GHESTIN, J., "L'action des Parlements contre les mésalliances aux XVIIe et XVIIIe siècles", *Revue historique de droit français et étranger,* 4e série, 34 (1956), 74-110 en 196-224.

het huwelijksrecht verstoord was. Dat kerkelijke wetgeving krachtens vorstelijk bevel van kracht werd in de katholieke landen, geeft al aan, dat de stap naar de overname van het huwelijksrecht door de tijdelijke macht niet zo groot meer was als voorheen leek. Dat deze maatregelen werden voorgesteld als de receptie van de kerkelijke wetgeving en niet als wetgeving krachtens de autonome bevoegdheid van de seculiere macht, gaf aan de nieuwe civiele wetgeving een sacrale tint, nodig voor het vestigen van de civiele competentie op het vlak van huwelijk en gezin.

De invoering van een wettige huwelijksvorm in de katholieke vorstendommen schiep een apart probleem in die gebieden, waar een gemengde bevolking leefde en waar reformatorische vorsten of burgers aan de macht waren. De Republiek van de Verenigde Nederlanden is daarvan een uitstekend voorbeeld: hier stelde zich het probleem van de huwelijken door katholieken gesloten voor de civiele ambtenaar of voor de bedienaar van de protestantse eredienst, als er geen kerkelijk huwelijk mogelijk was. In de Zuidelijke Nederlanden deed zich na het Barrièretractaat (1715) een ander probleem voor, namelijk dat van de gemengde huwelijken van de lokale bevolking met Noordnederlandse militairen. In Frankrijk was de situatie niet minder complex. Vóór het edict van Nantes (1598) moesten de protestanten verschijnen voor de katholieke priester voor het sluiten van een huwelijk. Na dit edict en tot de herroeping daarvan in 1685, konden zij — in principe — wel huwen voor de eigen bedienaars.

Wat betreft de huwelijken door katholieken gesloten voor de civiele ambtenaar in gebieden waarvan niet duidelijk was of de bepalingen van Trente wel afgekondigd waren stelde zich voor de Kerk (schijnbaar) een probleem. Deze huwelijken beantwoordden niet aan de nieuwe wetgeving, maar waren daarom niet per sé onwettig. In deze heeft de Kerk steeds een pragmatisch standpunt[21] ingenomen en deze burgerlijke huwelijken erkend, niet zonder evenwel de strenge wens uit te spreken dat de gelovigen zodra dit kon een kerkelijk huwelijk zouden sluiten. Vooral onder Benedictus XIV werd het duidelijk, dat de Kerk schoorvoetend, maar niet helemaal ongelukkig, de praktijk van het dubbele huwelijk (civiel-kerkelijk) aanvaardde: beter dat dan de katholieken te laten vervallen in ongeregelde verbintenissen[22].

[21] Het schijnt dat zich hier de invloed van kardinaal Bellarminus heeft doen gevoelen. GAUDEMET, J., *o.c.*, 309.

[22] Ik hoop in een latere bijdrage op dit thema uitvoeriger in te gaan. Het voorbeeld van de noordelijke Nederlanden is overigens niet uniek: in het Engeland van Cromwell kende men zelfs een verplicht burgerlijk huwelijk. BOSCH, F.W., *Staatliches und kirchliches Eherecht. In Harmonie oder in Konflikt? Insbesondere zur Entwicklung und zur gegenwartigen Situation im Eheschliessungsrecht*, Bielefeld, Gieseking, 1988, 15.

De 'zegeningen' van het rationalisme: contract naast sacrament

De sterke nadruk op het inchoatieve moment in het huwelijk en de langzame groei van een dubbele burgerlijk-kerkelijke competentie had een voor de theologie van het huwelijk ongewenst gevolg. Ook al gaf Trente geen duidelijk antwoord op wat nu juist de essentie van het huwelijk was (contract of instelling), in de zeventiende eeuw werd uit de tridentijnse wetgeving de conclusie getrokken dat het sluiten van het contract de bestaansvoorwaarde was voor het sacrament. In deze opvattingen waren tal van theologen en filosofen — onder meer de Spaanse neoscholastici — reeds voorgegaan, zij het dat zij geen scheiding tussen beide aspecten zagen. De stap van het theoretische onderscheid tussen contract en sacrament tot de praktische consequentie van de scheiding van deze twee aspecten is immers slechts klein, zeker wanneer men de hierboven geschetste concrete situatie voor ogen houdt. Tot de zeventiende eeuw was de Kerk bevoegd inzake de huwelijksband, de burgerlijke rechter over het vermogensrecht. Dit leidde er toe, dat men bij vermogensrechtelijke problemen meestal de lange en dure weg van een dubbele instantie moest volgen om een einde te maken aan vermogensbetwistingen.

Wanneer men in een dergelijke situatie een theoretisch onderscheid maakt tussen contract en sacrament, is de stap slechts klein naar een andere bevoegdheidsverdeling: de burgerlijke rechter zou dan eerst uitspraak doen over het contract — en dus ook over de vermogensrechtelijke problemen — en daarna kon, desgevallend, de kerkelijke rechter het sacrament beoordelen en de kerkelijke rechtsgevolgen regelen. Een dergelijke overgang van een theoretisch onderscheid naar een scheiding van de begrippen is, zoals reeds aangegeven, niet buiten, maar binnen de kerkelijke kring gezet. Het rationalisme van de scholastici heeft daarbij geholpen in die zin, dat men de hylemorphistische visie op de werkelijkheid toepaste op het huwelijk: de vorm van het huwelijk was dan het contract, de inhoud het sacrament.

Men begrijpt dat de nieuwe opvattingen en de daaruit voortkomende bevoegdheidsverdeling onherroepelijk moesten leiden tot een volledige verdamping van de kerkelijke competentie en tot een totale scheiding tussen contract en sacrament. De instelling van het burgerlijk huwelijk, niet alleen door de Franse revolutionairen, maar eerder reeds door Jozef II in de Oostenrijkse erflanden[23], is slechts de definitieve consecratie van

[23] Bij edict van 16 januari 1783, in de Oostenrijkse Nederlanden gepubliceerd als edict van 28 september 1784.

een reeds lang gegroeide toestand. Men kan zich zelfs in gemoede de vraag stellen of men in kerkelijke kring nu zo onverdeeld ongelukkig was met deze ontwikkelingen.

Desacralisering van het kerkelijk huwelijk

Trente is een eindpunt geweest. Daarna is de canonistiek uitgebloeid. Het terrein van het huwelijk werd steeds meer overgelaten aan de moralisten en de theologen, ja zelfs reeds snel aan de historici, alsof een schets van het oude huwelijksrecht een antwoord kon zijn op de nieuwe maatschappelijke opvattingen[24]. De wetgever en de rechtsleer hielden zich nog bijna uitsluitend bezig met de problematiek van het gemengde huwelijk. Men schrijft nog hoofdzakelijk apologetisch, vanuit een reflex tegen de nieuwe opvattingen betreffende de scheiding van contract en sacrament en de aantasting van de kerkelijke competentie[25]. Men hield zich dikwijls ook bezig met Byzantijnse discussies in de trant van: is het huwelijk van een jood met een protestantse *ab initio* een sacrament als zij zich na de huwelijkssluiting tot het katholicisme bekeren?

Dit laatste voorbeeld geeft aan dat in de zeventiende en achttiende eeuw de aandacht vooral uitging naar het moment van de huwelijkssluiting en de formele procedures. Het *matrimonium in fieri* ging primeren op het *in facto esse*. Daardoor verdween de sacramentele werkelijkheid van de dagelijkse huwelijksbeleving naar de achtergrond. De vraag "Zijn zij getrouwd?" werd bij wijze van spreken belangrijker dan de vraag "Zijn zij trouw?" De normaal reeds bestaande spanning tussen de teleologie van het huwelijksrecht en de dagelijkse werkelijkheid nam daardoor sterk toe, bij zoverre dat de roep om invoering van de echtscheiding luider ging klinken dan de praktijk van gerechtelijke nietigverklaring van een huwelijk. Het is overigens veel gemakkelijker het bewijs te leveren van een breuk in de relatie dan het bewijs te leveren van wat nooit heeft bestaan.

De schijnbare uniformiteit van het huwelijk als levensgemeenschap

Van de vroege middeleeuwen tot de zestiende eeuw heeft de Kerk haar recht gericht op de recuperatie van sociaal deviante relaties. Het

[24] De eerste grote geschiedenis van het huwelijksrecht verscheen reeds in het begin van de achttiende eeuw. GILBERT, J.-P., *Tradition et histoire de l'église sur le sacrement de mariage*, Parijs, 1725. Dit geeft reeds aan hoezeer men doordrongen is van het historisch karakter van het toen nog heersende huwelijksrecht.

[25] Vooral de gallicaanse ideeën van LAUNOY, J., *Du pouvoir royal sur le mariage ou Traité du droit des princes chrétiens séculiers d'instaurer des empêchements dirimants de mariage*, Parijs, 1633 moesten het ontgelden.

huwelijksrecht was in grote mate open, doordat de wijze van huwelijkssluiting een minder grote rol speelde. Men verdroeg de problemen rond schaking, concubinaat, presumptieve huwelijken en andere afwijkende gedragingen, omdat een dergelijk geduld de beste weg was tot het regelen van de huwelijksrelatie op een meer duurzame basis. De Kerk maakte ook dankbaar gebruik van gewoonten en volksgebruiken, die sociaal bekeken een positieve rol vervulden. Eens de vaststelling van een formeel en wettig huwelijk sedert Trente een feit was, dreigde echter een aantal relaties, die voorheen konden worden erkend door de *sanatio in radice*, te worden weggedrukt in de richting van het concubinaat of het burgerlijk (niet-kerkelijk) huwelijk. Het wettig huwelijk verloor in zekere zin iets van zijn middeleeuwse pluriformiteit, die plaats maakte voor een zeer conventioneel en uniform huwelijksmodel. Toch was die uniformiteit slechts schijn: buitenechtelijke relaties, vrije verbindingen en concubinaat bleven, evenzeer als vroeger, bestaan. Echtscheiding maakte in de kerkelijke opvatting geen kans en de controle op de huwelijksverboden werd verscherpt, zodat niet-geldige huwelijken zoveel mogelijk werden vermeden. De daarmee beoogde stabiliteit werd er wel door gediend, hoewel die ook voor een deel te danken was aan het feit dat probleemhuwelijken niet eindigden in een echtscheiding, maar in een feitelijke scheiding, een oplossing die ook in de negentiende eeuw in probleemgevallen werd gekozen als een aanloop naar een scheiding van tafel en bed of naar de uiteindelijke echtscheiding. In die zin is het huidige echtscheidingsrecht, dat de langdurige ontwrichting van de relatie sanctioneert, de logische voortzetting van een reeds veel eerder gevolgde praktijk.

2. De houding van de katholieke Kerk tegenover het burgerlijk huwelijk

Al het voorgaande is reeds in een of andere vorm gezegd. Esmein en recent nog Gaudemet hebben er reeds op gewezen dat de bepalingen van het concilie van Trente uiteindelijk de weg hebben gebaand voor de laïcisering van het huwelijk op het einde van de achttiende eeuw, juist in twee traditioneel katholieke staten: Oostenrijk en Frankrijk[26]. Voortaan kreeg men een nieuwsoortig dualisme: dat van de tegenstelling tussen het burgerlijk en het kerkelijk huwelijk, gevoed door het protest van de Kerk tegen de 'usurpatie' van de competentie in huwelijkszaken door de staat. Dit is althans het beeld dat de traditionele historiografie geschetst

[26] Waar het verplicht burgerlijk huwelijk werd ingevoerd door de *Code de l'état civil du citoyen* van 1792. Voor Oostenrijk zie noot 23

heeft van de twee laatste eeuwen. Volgens dit beeld zou de Kerk het burgerlijk huwelijk niet alleen theoretisch, maar ook praktisch hebben afgewezen als een soort heidens concubinaat. Deze houding zou ook gezorgd hebben voor een voortdurende latente spanning tussen Kerk en staat — uiteraard naast enkele andere moeilijke thema's zoals het onderwijs en de vrijheid van eredienst.

Dat dit beeld niet helemaal strookt met de werkelijkheid, is hiervóór reeds kort aangegeven. Men kan het echter wel degelijk met negentiende-eeuwse documenten en publikaties onderbouwen. Het is zeker waar, dat pausen in de eerste helft van de negentiende eeuw de exclusieve competentie van de kerk verder bleven opeisen — onder de indruk van hun machtsverlies — en dat Pius IX in de *Syllabus errorum* van 1864 zich duidelijk uitsprak tegen het uitsluitend burgerlijk huwelijk[27], evenals in zijn *allocutio Acerbissimum* van enkele jaren eerder[28]. Het is ook waar, dat dit een tijdlang het officiële standpunt van de kerk was.

Daarentegen moeten wij vaststellen, dat het woord huwelijk in de akten van het eerste Vaticaans concilie praktisch niet voorkomt. Daar zijn ontegensprekelijk historische redenen voor, maar het is best denkbaar dat, ook zonder politieke calamiteiten, het huwelijk niet het hoofdthema van de besprekingen zou zijn geworden. Een paar decennia later schreef Leo XIII in zijn encycliek *Arcanum Divinae Sapientiae* dat de Kerk zich niet verzet tegen het burgerlijk huwelijk, omdat zij wil dat aan het huwelijk ook in de civiele orde rechtsgevolgen worden vastgeknoopt, zodat de kinderen geen nadeel zouden ondervinden[29].

Men vindt dus in de tweede helft van de negentiende eeuw sporen van een kordate afwijzing van enige civiele competentie inzake het huwelijk, waarnaast anderzijds ook elementen zijn aan te wijzen van een positieve waardering van het burgerlijk huwelijk. Op grond van deze eerste indruk kan de vraag worden gesteld of de Kerk wel een consistente houding had ten overstaan van (de prioriteit van) het burgerlijk huwelijk. Waren de kerkelijke gezagsdragers tegen het burgerlijk huwelijk en waarom niet?

[27] Zie § 8: *Errores de matrimonio christiano*, vooral dwaling nr. 74: Causae matrimoniales et sponsalia suapte natura ad forum civile pertinent. Denzinger, H., *Enchiridion Symbolorum, definitionum et declarationum de rebus fidei et morum,* Freiburg i. Breisgau, Herder, 1932^{18}, p. 490, nr. 1774.

[28] Toespraak gehouden op 27 september 1853.

[29] R. Naz, v° Mariage civil, *DDC*, deel 6, kol. 732.

De huwelijksbeletselen en het probleem van de prioriteit van het burgerlijk huwelijk.

De door de *Syllabus errorum* bestreden dwaling als zou de kerk geen recht hebben om huwelijksbeletselen vast te stellen is in de voorbije twee eeuwen zelden in een zo scherpe vorm geformuleerd of verdedigd. De civiele wetgever heeft dat recht van de Kerk nooit ontkend, maar hij erkende de kerkelijke beletselen al evenmin. De noodzaak tot erkenning was ook niet zo groot, aangezien men bezwaarlijk burgerlijke beletselen kan bedenken, die strenger waren dan de kerkelijke. Wie kerkelijk kon trouwen, had niets te vrezen van de burgerlijke beletselen. Eventuele fricties — zo die er al waren — werden overigens opgevangen door de bepaling dat het burgerlijk huwelijk steeds moet voorafgaan aan het kerkelijk. Deze regel gold sedert het begin van de negentiende eeuw in de meeste Westeuropese staten. In vele Middeneuropese staten, zoals de Duitse gebieden, is hij slechts rond het midden van de eeuw ingevoerd[30]. Artikel 16 van de Pruisische *Verfassungsurkunde* van 5 december 1848 bepaalde dat de burgerlijke geldigheid van het huwelijk afhankelijk was van de sluiting ervan voor de ambtenaar van de burgerlijke stand. In 1874 voerde Pruisen, door zijn *Personenstandsgesetz* (PStG) het verplicht burgerlijk huwelijk in. In 1875 werd het ook in de andere Duitse staten ingevoerd.

Ik heb de indruk dat de Kerk zich maar al te graag heeft neergelegd bij de nieuwe situatie. De Belgische katholieke politicus De Decker vatte het kort samen als volgt: "De clerus wenst geen overjarige privileges meer, noch de competentie over het huwelijksrecht, of de voering van de akten van de burgerlijke stand, de clerus legt ook het burgerlijk huwelijk niets in de weg, en zal geen kerkelijk huwelijk inzegenen vóór het burgerlijk huwelijk gesloten is"[31].

Een dergelijke uitspraak is verklaarbaar, wanneer men haar situeert in de tijd. Wanneer wij teruggaan in de tijd rond 1815, bij het einde van de Napoleontische oorlogen en de grote verzoening van het Congres van Wenen, zien wij het koningschap in Frankrijk hersteld en de katholieke restauratie op volle toeren. De Bonald en de Maistre verkregen daar toen

[30] Het *Algemeines Landrecht* heeft de secularisering niet tot het einde doorgevoerd. Het erkende wel de kerkelijk gesloten huwelijken, omdat die beter overeenkwamen met het rechtsgevoel van de burger. Mestwerdt, *Das Sozialbild der Ehe im Spiegel von Gesetzgebung und Rechtsprechung der letzten 150 Jahre*, Göttingen, 1961, 20.

[31] de Decker, P.J.F., *De l'influence du clergé en Belgique*, Brussel, Société des Beaux-arts, 1843, 35.

van de wetgever de afschaffing van de echtscheiding, een instituut dat pas op het einde van de eeuw weer zou worden ingevoerd. Dit geeft aan dat in zekere zin niet de burgerlijke competentie voor de toenmalige Franse katholieken een probleem was, maar het toestaan van de echtscheiding. Eens deze afgeschaft hadden zij geen majeure bezwaren meer tegen de prioriteit van het burgerlijk huwelijk[32].

Omstreeks dezelfde tijd werd het koningschap ingevoerd in de nieuwe staat der Verenigde Nederlanden. Ook hier werd, door de protestantse koning, een charme-operatie uitgevoerd tegenover het katholieke bevolkingsdeel. Reeds in 1814 hadden de Broglie, bisschop van Gent, en Hirn, bisschop van Doornik, actie ondernomen tegen de burgerlijke stand. Zij eisten vreemd genoeg evenwel geen afschaffing ervan, maar wel dat de ambtenaar geen huwelijken meer zou mogen sluiten, die strijdig waren met de canonieke bepalingen terzake. Hun beweegredenen en de draagwijdte van die eis hadden meer van doen met politiek dan met het huwelijk op zichzelf — maar dat gaat het onderwerp hier te buiten. Gesteld tegenover deze eis (die niet door alle bisschoppen werd gedeeld, en zelfs niet door alle vicarissen in Gent) besloot Willem I, op advies van graaf d'Ursel, bij KB van 21 oktober 1814, dat de ambtenaar slechts een burgerlijk huwelijk van katholieken mocht sluiten nadat hem een verklaring was voorgelegd, dat er geen canonieke huwelijksbeletselen waren.

De Gentse vicaris-generaal LeSurre was een van de eersten die daarop reageerde. Triomfantelijk liet hij aan de clerus van het bisdom weten, dat het officialaat in zijn competentie was hersteld[33]. Zijn conclusie was begrijpelijk: het afgeven van een verklaring door de pastoors zou onvermijdelijk leiden tot rechtsvragen en appellen, en daardoor tot een herstel van de competentie van de kerkelijke rechter.

Het enthousiasme van de vicaris was echter van zeer korte duur. Dat de clerus en de publieke opinie de maatregel gunstig hadden ontvangen, zoals Simon stelde[34], is in zijn algemeenheid niet helemaal juist. Er was her en der veel verzet, men mag zelfs stellen bij het grootste deel van de clerus[35]. De achtergrond daarvan ligt gedeeltelijk in de herinnering aan

[32] BRECHON, P., *La famille et idées traditionelles, idées nouvelles,* Parijs, Le Centurion, 1976, 15-27.

[33] Archief Bisdom Gent, *Acta Episcopatus 1814-1818*, brief van LESURRE aan de pastoors van het bisdom, dd. 31 oktober 1814.

[34] SIMON, A., *Le cardinal Sterckx et son temps (1792-1867). L'église et l'état,* Wetteren, Scaldis, 1950, deel 1, p. 33.

[35] De bisschop van Doornik verbood zelfs zijn priesters om mee te werken, terwijl in het bisdom Mechelen (dat toen niet met vaste hand werd geleid) verscheidene pastoors publiekelijk en uitdagend verzet pleegden. COLENBRANDER, H.T., Gedenkstukken der

het verlicht despotisme van de Oostenrijkse keizer Jozef II. Men wantrouwde overigens het geschenk van de calvinistische vorst. Bovendien vreesde men dat velen zich om financiële redenen zowel van het burgerlijk als van het kerkelijk huwelijk zouden afkeren, aangezien ook de canonieke verklaring werd onderworpen aan het zegel. Ten slotte was er ook verzet vanuit de verwachting dat medewerking aan de burgerlijke huwelijkssluiting de indruk zou wekken alsof de Kerk het burgerlijk contract als geldig beschouwde en dus de scheiding tussen het contractueel en het sacramenteel aspect van het huwelijk accepteerde. Dat leidde tot de enigszins paradoxale situatie dat de Kerk, uit verzet tegen het burgerlijk huwelijk, de civiele macht er toe bracht de Napoleontische wetgeving te herstellen.

Het antwoord van Willem I was — na enige aarzeling — dat de verplichte canonieke verklaring werd afgeschaft, omdat zij toch niet werd uitgevoerd, en dat het burgerlijk huwelijk dus weer volledig onafhankelijk van het kerkelijk huwelijk werd gemaakt[36]. Wel wilde de koning de katholieken in zoverre tegemoet komen, dat de verplichte prioriteit van het burgerlijk huwelijk (artikelen 199 en 200 Code pénal) buiten werking bleven gesteld. Katholieken hadden de keuze tussen een kerkelijk en een burgerlijk huwelijk: er kwam een volledig facultatief stelsel. Om tal van redenen, van sociale en politieke aard, haalde ook dit Besluit het niet in de katholieke publieke opinie[37], zodat uiteindelijk in 1817 de prioriteit van het burgerlijk huwelijk werd hersteld.

Een halve overwinning is hoe dan ook steeds minstens een halve nederlaag. Met een parafrase op een bekende uitspraak: de Kerk aanvaardde niet de these van het burgerlijk huwelijk, maar wel de hypothese. Omdat men het burgerlijk huwelijk principieel afwees, aanvaardde men het in de praktijk. Al bij al waren velen van oordeel, dat het ook een goede rol kon spelen op het vermogensrechtelijke en het erfrechtelijke vlak en wat betreft de wettigheid van de kinderen. Het kon bovendien een positieve rol spelen op het morele vlak, omdat men tenslotte een dubbele juridische controle in het recht had ingebouwd. In ieder geval werd in de meeste bisdommen duidelijk, dat de kerkleiding verdeeld was over de te

algemeene geschiedenis van Nederland van 1795 tot 1840, Deel 7: Vestigigng van het Koninkrijk, 1813-1815, 's Gravenhage, Nijhoff, 1914, 898: brief van gouverneur de Wagny aan d'Ursel, dd. 29 november 1814. Boghaert, A., "Le mariage religieux au point de vue légal", *Revue de Belgique*, 22 (1876), 404.

[36] Bij KB van 7 maart 1815.

[37] Men zag het gevaar van een totale scheiding tussen Kerk en staat en de mogelijke gelijke erkenning van alle gezindten. Overigens vreesde men de vermogensrechtelijke gevolgen voor diegenen die alleen kerkelijk trouwden.

voeren politiek maar dat niemand juist op dit belangrijke terrein avonturen wilde.

Hetzelfde bleek nogmaals na de revolutie van 1830, hoewel de politieke wind toen anders waaide. In België werd, na de revolutie, door het Besluit van 16 oktober 1830, de vrijheid van eredienst gewaarborgd, in het kader van de tijdelijke toenadering tussen de liberale en katholieke opinie: het zogenaamde Monsterverbond. Het Besluit van de Voorlopige regering van 16 oktober 1830, artikel 3, bepaalde dat alle algemene en bijzondere wetten, die de vrije uitoefening van de cultus hinderden en de gelovigen verplichtingen en formaliteiten oplegden, die hun gewetens schonden, werden afgeschaft. De conclusie lag voor velen voor de hand: de wetgever eiste niet meer dat eerst een burgerlijk huwelijk moest worden gesloten. In het nieuwe politieke klimaat achtten de bisschoppen zich geroepen om onmiddellijk in te grijpen. Zij drukten er in de brieven aan hun clerus én aan het nieuwe bewind hun voldoening over uit, dat de lang verwachte vrijheid van godsdienst werd gerealiseerd, maar zij drukten de priesters op het hart de prioriteit van het burgerlijk huwelijk te respecteren en zij verzekerden de politieke leiders, dat de Kerk van de nieuw verworven vrijheid gebruik zou maken in een positieve geest. Zij verklaarden dat de nodige maatregelen zouden worden genomen om misbruiken te vermijden en om te verhinderen dat de gelovigen schade zouden ondervinden door het verwaarlozen van hun burgerlijke plichten[38].

Het Besluit van 16 oktober 1830 mag als een eerste stap worden gezien in de richting van een herziening van de verhouding tussen kerk en staat in België. In het licht hiervan was de verhouding tussen kerkelijk en burgerlijk huwelijk slechts wisselmunt. De toenmalige bisschoppen waren veel sterker geïnteresseerd in andere items[39]. Men begrijpt

[38] Herderlijke brief van de bisschop van Gent (VAN DE VELDE) aan de clerus over het burgerlijk en het kerkelijk huwelijk, dd. 25 oktober 1830, p. 17: *'Observant interim patriae moderatores, et cum illis facile sentietis, magni pro republica familiisque momenti esse, ut nupturientes non negligant effectus civiles matrimonio suo procurare: quod cum iisdem litteris sollicitudini nostrae commendetur...'* de inhoud van deze brief werd ook bijgetreden door de aartsbisschop, Mgr. STERCKX. Dat de opheffing van de prioriteit van het burgerlijk huwelijk de clerus zeer beviel, waag ik te betwijfelen. Contra Lamberts, E., *Kerk en liberalisme in het bisdom Gent (1821-1867). Bijdrage tot de studie van het liberaal-katholicisme en het ultramontanisme,* Leuven, Universiteitsbibliotheek, 1972, 59.

[39] Reeds COMBLIN, J., "L'antériorité du mariage civil dans la Constitution belge", *Collectanea Mechliniensia,* deel 31 (1946), 538, meende dat de kwestie van het kerkelijk huwelijk van te weinig belang werd geacht opdat de Constituante er aandacht zou aan schenken. Impliciet wordt daardoor aangegeven dat de kerkleiding vooral politieke en financiële desiderata had.

dan ook, dat het huwelijk slechts een bijkomstig element is geweest in de discussies over de nieuwe grondwet en dat de prioriteit van het burgerlijk huwelijk in 1831 snel werd hersteld. Artikel 16 van de grondwet[40] had wel nog tot enige discussie aanleiding gegeven, maar toen de vergadering de volgende dag werd hernomen, bleek alles veel minder hoog gespeeld te worden dan aanvankelijk leek. In de tweede vergaderdag over dit artikel waren het trouwens vooral de priesters-volksvertegenwoordigers die olie op de golven kwamen gieten[41].

In de tweede helft van de eeuw veranderde de houding van de kerkleiding in België nauwelijks. Meer nog: de opkomst van het ultramontanisme stelde hen af en toe voor problemen. De Gentse bisschop Bracq weigerde bijvoorbeeld in het voetspoor van de *Syllabus errorum* het burgerlijk huwelijk te veroordelen, wat hem ernstig in conflict bracht met Rome. In de vergadering van de Belgische bisschoppen van 2 maart 1869 was hij het trouwens die zijn collega's waarschuwde tegen een door de ultramontaanse krant *Le Catholique* opgezette discussie over het burgerlijk huwelijk[42]. Wanneer C. Périn in 1875 zijn *Confrérie Saint Michel* oprichtte[43], voelde Bracq zich genoodzaakt er in zijn vastenbrief van 13 februari 1876 op te wijzen dat: "...Ouders en kinderen hunne wetten van denzelfden God (hebben) ontvangen. Het burgerlijk gezag heeft meest overal deze wetten bekrachtigd ... Ongelovigen, die de geestelijke maatschappij bestrijden, verstoren daardoor ook de burgerlijke maatschappij"[44]. De conjunctie van de belangen van de geestelijke en de burgerlijke maatschappij geeft aan dat Bracq inzake de verhouding tussen kerk en staat zeker niet het conflictmodel hanteerde. Tussen de regels door is dan ook te lezen dat gelovigen die de burgerlijke maatschappij bestrijden, ook de geestelijke verstoren.

De hier beschreven feiten zijn wel symptomatisch voor de houding die de kerkelijke leiders in vele kerkprovincies benoorden de Alpen aannamen. Zij voerden een voorzichtige politiek ten aanzien van het huwelijk, omdat zij vreesden door een te scherpe veroordeling van het burgerlijk huwelijk de ultramontaanse richting al te zeer te versterken, wat

[40] Met o.m. de prioriteit van het burgerlijk huwelijk.

[41] Vergadering van 23 december 1830. HUYTTENS, E., *Discussions du Congrès National de Belgique, 1830-1831*, Société Typographique Belge, Ad. Wahlen & Cie, deel 1, 620.

[42] SIMON, A., *Réunions des évêques de Belgique. 1868-1883. Procès-verbaux*, Leuven/Parijs, Nauwelaerts, 1961, 47.

[43] SIMON, A., *Catholicisme et politique. Documents inédits (1832-1909)*, Wetteren, Scaldis, 1955, 122.

[44] BRACQ, *Recueil*, deel 2, 172.

hun positie in het gesprek met de officiële instanties zwakker zou maken en wat eventuele voordelen die op andere terreinen van het openbare leven uit de liberale staatsorganisatie voort konden komen in gevaar zou brengen. Te denken valt bijvoorbeeld aan de onderwijsproblematiek, de bouw van kerken, de vrije benoeming van parochiepriesters, kortom het herstel van de katholieke instellingen.

De problematiek van de dwaling.

Ook in Frankrijk was de houding van de bisschoppen in de regel voorzichtig. Boven hebben wij reeds gewezen op de afschaffing van de echtscheiding in het begin van de eeuw. Het wegvallen van deze steen des aanstoots bracht mee dat zelfs kardinaal Gousset een editie van de *Code civil* op de markt bracht, met een commentaar op basis van de katholieke moraaltheologie[45]. Hij wijst daarin wel theoretisch, in zeer principiële bewoordingen het burgerlijk huwelijk af, maar schrijft meteen: "Wij kunnen nochtans geen betere raad geven aan de parochiepriesters dan slechts het huwelijk van contracterende partijen in te zegenen nadat hen gebleken is, dat zij de vereiste formaliteiten met betrekking tot het burgerlijk huwelijk hebben vervuld. Het zou een erg inconveniënt zijn als het huwelijk niet zou worden erkend door de wet"[46].

Was de houding van de hiërarchie in Frankrijk in de regel zeer voorzichtig, dan toch stelde zich daar een probleem, dat paradoxaal genoeg was veroorzaakt door het succes van de conservatief katholieken na 1815. Leek de afschaffing van de echtscheiding op het eerste zicht een overwinning, dan moet men spreken van een vergiftigd geschenk: daardoor immers werd het burgerlijk huwelijk als levenslange relatie — in de tijdelijke orde — op het niveau van het kerkelijk huwelijk getild.

Katholieke juristen grepen daarom terug naar de oude canonieke doctrine van de dwaling in de kwaliteit — *redundans in errorem personae* — om de nietigverklaring te kunnen forceren van huwelijken, waar de man zijn vrouw verleid had tot het sluiten van een burgerlijk huwelijk, om daarna te weigeren een opvolgend kerkelijk huwelijk te sluiten. Door het wegvallen van de mogelijkheid van de echtscheiding was de vrouw

[45] GOUSSET, TH., *Le Code civil commenté dans ses rapports avec la théologie morale, ou explication du Code civil tant pour le for intérieur que pour le for extérieur,* Doornik, J. Casterman, 1850.

[46] 'Cependant l'on ne saurait trop recommander aux pasteurs de ne donner la bénédiction nuptiale aux parties contractantes que lorsqu'ils peuvent juger qu'elles ont rempli les formalités nécessaires au contrat civil: ce serait un grave inconvénient que le mariage ne fût pas reconnu par la loi.' GOUSSET, TH., *o.c.*, 39.

bijgevolg verplicht haar hele leven in een zondige staat te leven. Die gewetensnood nam bovendien nog toe na de flinke veroordeling van het uitsluitend burgerlijk huwelijk door de paus rond het midden van de eeuw.

Het probleem was reeds gesignaleerd in 1823, maar toen had het geen aanleiding tot polemieken gegeven[47]. Het was niet toevallig dat juist vanaf 1846 de polemieken losbarstten. Wellicht had dit ook politieke achtergronden, onder meer in verband met de gebeurtenissen in Italië, de economische moeilijkheden en de radicaal liberale agitatie. De eerste discussie werd gehouden tussen Thieriet[48] en Bressolles[49] in 1846. Een jaar later werd de rol overgenomen door Marcadé[50] tegen Bressolles. Daarna bleef het een korte tijd stil, tot in 1853, toen Sauzet[51] weer de aanval opende, gepareerd door Coin-Delisle[52]. De meest fundamentele discussie over de problematiek van de dwaling was die tussen Batbie[53] en Duverger[54] (gesteund door Huc)[55], in de jaren 1865-1866[56].

In deze polemieken zochten de katholieke partijen telkens weer nieuwe argumenten, het ene al zwakker dan het andere, gaande van een

[47] *L'Ami* (1823): 'Sous prétexte de tolérance, ce système est oppressif, puisqu'il interdit de rompre un mariage civil et ravit ainsi à celui des deux conjoints qui désire pratiquer sa religion la liberté de le faire". het is immers al vaker gebeurd, dat een vrouw, reeds door de burgerlijke band gebonden, van haar man geen kans krijgt een kerkelijk huwelijk te sluiten. Geciteerd bij DENIEL, R., *Une image de la famille et de la société sous la restauration (1815-1830). Etude de la presse catholique,* Parijs, Ed. ouvrières, 1965, 223.

[48] THIERIET, "Mariage civil, mariage religieux. Lettre à M. le Directeur de la Revue", *Revue de législation et de Jurisprudence,* 12 (1846), 161-172.

[49] BRESSOLLES, G., "Mariage civil, mariage religieux. Nullité", *Revue de législation et de Jurisprudence,* 12 (1846), 149-158.

[50] MARCADÉ, V., "Mariage civil, mariage religieux", *Revue de législation et de Jurisprudence,* 12 (1846), 342-371.

[51] SAUZET, P., *Réflexions sur le mariage civil et le mariage religieux en France et en Italie. Edition belge augmentée de remarques sur la même question par M. de Vatimesnil,* Brussel 1853.

[52] COIN-DELISLE, "Sur le refus entre époux de bénédiction nuptiale. A l'occasion d'un opuscule de M. Sauzet", *Revue critique de Législation et de Jurisprudence,* 3 (1853), 175-180.

[53] BATBIE, A., "Révision du Code Napoléon", *Revue critique de Législation et de Jurisprudence,* jg. 16 (1866), 125-162. IDEM., "Réponse à M. Duverger. A propos de la révision du Code Napoléon", *Revue critique de Législation et de Jurisprudence,* 17 (1867), 50-64.

[54] DUVERGER, A., "Observations sur le mémoire de M. Batbie, intitulé Révision du Code Napoléon", *Revue critique de Législation et de Jurisprudence,* 16 (1866), 308-364 en 116-167; 17 (1867), 128-148, 322-346 en 402-436.

[55] HUC, T., "Sur la célébration des mariages", *Revue critique de Législation et de Jurisprudence,* 17 (1867), 346-361.

[56] Over deze geschiedenis: DANIEL, C., *Le mariage chrétien et le Code Napoléon,* Parijs, 1870, 10 e.v.

eenvoudige nietigverklaring (waarbij heftige discussie over de vraag of het hier ging over nietigheid of over vernietigbaarheid), tot het eisen van een verbod op het sluiten van een burgerlijk huwelijk als de nupturiënten niet verklaarden dat zij een kerkelijk huwelijk wilden sluiten. In de meeste gevallen kwamen de oplossingen neer op het voorwaardelijk maken van het burgerlijk huwelijk, in die zin, dat het werd onderworpen aan de kategorieën van het canoniek recht.

Wij vinden geen spoor van steun van officiële kant voor het standpunt van deze katholieke juristen. De hiërarchie in Frankrijk heeft zich blijkbaar niet met deze discussie bemoeid, om begrijpelijke redenen. Men moest namelijk kiezen tussen de Scylla en de Charybdis: of men accepteerde het burgerlijk huwelijk zoals het was, met alle problemen vandien (die zich in de praktijk overigens slechts zéér zelden voordeden), of men verkreeg een effectieve oplossing, door de handreiking van de radicaal liberale opinie, die natuurlijk de herinvoering van de echtscheiding voor grove belediging kon koppelen aan de onwil van de bruidegom tot het sluiten van een kerkelijk huwelijk. Die weg wilden de bisschoppen blijkbaar ook niet inslaan. Het enige wat men kon doen was wachten tot de bui wat overdreef.

Morele restauratie

Een belangrijk aspect in de streving om in een diplomatieke verhouding met de verdedigers van de *Code civil* te staan, was het feit, dat de civiele rechtsleer hoe dan ook doordrongen was van sacrale invloeden. Van links tot rechts definieerde men het huwelijk als *le noeud le plus sacré*, hoe formeel en nietszeggend een dergelijke uitdrukking in burgerlijke mond vaak was. In de eerste helft van de negentiende eeuw constateert men dat de katholieke verenigingen met seculiere besturen samenwerkten met het doel de arbeidersklasse te doordringen van de noodzaak een wettig huwelijk te sluiten. Daartoe werd bijvoorbeeld in Frankrijk, en later in België, de *Société Saint Jean-François Régis* opgericht, met de bedoeling de arbeidende bevolking tot een burgerlijk huwelijk te brengen, omdat dit de enige weg was, die hen ook naar een kerkelijke verbintenis kon leiden[57]. Onderzoek heeft trouwens vastgesteld, dat in industriële gebieden, met een grote proportie arbeiders onder de

[57] Gesticht in Parijs rond 1830, vandaar snel verspreid in Frankrijk en België. Zie *Société Charitable de Saint Jean-François Régis pour le mariage des pauvres et la légitimation des enfants naturels*, Gent, 1841, 3; DE MONGE, F., Le mariage des pauvres dans les pays de code civil, *Revue catholique*, nr. III (1870), 508-513 en 601-625.

bevolking, in de loop van de negentiende en twintigste eeuw eerst het concubinaat is afgenomen ten gunste van het burgerlijk huwelijk en dat daarna het aantal louter burgerlijke huwelijken is afgenomen ten voordele van een dubbel huwelijk (zonder dat evenwel de zondagspraktijk toenam). Een geschiedenis van die katholieke organisaties, die het burgerlijk huwelijk bevorderden, de wettiging van natuurlijke kinderen promoveerden en de akten van de burgerlijke stand voor behoeftigen hielpen opmaken (en betalen), moet eigenlijk nog geschreven worden. Dit neemt echter niet weg dat wij moeten constateren dat de voorzichtige houding van de kerkelijke leiding in deze materie in de negentiende eeuw tot een voor de Kerk aanvaardbare uitkomst zou hebben geleid.

Voor de Kerk speelde nog een ander element: het bevrijd zijn van de jurisdictionele competentie was in haar ogen niet altijd een nadeel. Zij kreeg zo de handen vrij om de gelovigen pastoraal te benaderen en met andere dan juridische middelen haar doel te bereiken. Het is duidelijk dat vele bisschoppen in de landen waar het canoniek recht buiten werking was gesteld door de codificatie, ook geen herstel van de kerkelijke rechtbanken wenste, om tal van redenen[58]. Het heeft decennia geduurd voor er weer officialaten kwamen, tussen grosso modo 1820 en 1850 — en in Nederland uiteraard nog later.

De opleving van het piëtisme en de herwaardering van de maagdelijkheid in de eerste helft van de negentiende eeuw zijn bovendien twee elementen, die maakten dat de sociaal ordenende werking van de burgerlijke wet niet altijd in het nadeel van de Kerk is uitgevallen. In dit kader moge herinnerd worden aan de fenomenale opgang van de Philomenacultus in de eerste helft van de eeuw, een volksdevotionele beweging, die een uitstekend middel bleek om de gelovigen te motiveren voor een maagdelijk of zuiver leven[59]. Het probleem was evenwel, dat de hele cultus snel ontmaskerd werd en bleek te berusten op een totaal verzonnen hagiografie van Italiaanse makelij. Ik heb het sterke vermoeden dat de hernieuwde aandacht voor de Maria-verering vanaf grosso modo 1850 en het ontstaan van tal van cultusplaatsen in de tweede helft van de eeuw gedeeltelijk mag worden verklaard door de wens om de devotie

[58] ANDRIEU-GUITRANCOURT, P., "Notes et remarques sur la reconstitution des officialités françaises du Concordat napoléonien aux premières années de la IIIe République", Etudes d'Histoire du Droit canonique dédiées à G. Le Bras, deel I, Parijs, PUF, 1965, 399-435.

[59] Vanuit Zuid-Italië spoelde er quasi een vloedgolf van Philomena-verering vanaf 1820 over heel West-Europa. Zie o.m. Barrelle, J.F., *Vie et miracles de Sainte Philomène, vierge et martyr,* Parijs, Audun, 1836. De cultus doofde niet onmiddellijk uit na 1850. Ten bewijze de publikatie van VERMEEREN, P.J., *Het leven van de heilige Philomena, maagd en martelares, of de heilige wonderdoenster der 19e eeuw,* Breda, Eduard van Wees, 1878.

van de gelovigen te richten op een theologisch meer aanvaardbare praktijk en aldus de eventuele schade te beperken als de Philomena-cultus uitdoofde[60]. De Philomena-cultus en de herlevende Maria-devotie hadden immers juist het meest succes bij die bevolkingsgroepen, waar de sexuele permissiviteit het grootst was. De Kerk zag zich nogmaals voor een paradoxale situatie gesteld, die zij langzaam ten goede keerde[61]. De vernieuwde aandacht voor de maagdelijkheid en het celibaat heeft er overigens niet alleen toe geleid, dat de huwelijksmoraal van de gelovigen op een hoger plan werd gebracht, maar ook — opnieuw paradoxaal — dat de stabiliteit van de huwelijk groter werd en het kindertal per katholiek gezin ging toenemen. Een en ander leidde er toe, dat op termijn ook de kerkelijke kaders in seminaries en kloosters sterk aangroeiden.

Wij kunnen dus constateren — zoals verwacht — dat burgerlijke en kerkelijke wet elkaar eerder versterkten en aanvulden dan verzwakten. Hierbij moet worden opgemerkt, dat de burgerlijke wet in de negentiende eeuw, geconfronteerd met de praktijk, vaak koos voor een oplossing die geheel of gedeeltelijk door het canoniek recht was geïnspireerd, zij het dat men op het technische vlak andere wegen koos. Een voorbeeld hiervan is de overvloeiing van de verloving naar de trouwbelofte, door de werking van de onrechtmatige daad (België en Frankrijk) of door het leerstuk van het ongerechtvaardigd vermogensverlies, een soort pendant van het leerstuk van de ongerechtvaardigde verrijking (Nederland)[62]. In de tweede helft van de negentiende eeuw werd overigens sterk gepleit voor de herinvoering van de trouwbelofte, weliswaar gekoppeld aan strenge formele regels[63]. Op dit punt kwam de CIC 1917

[60] Het is misschien niet helemaal toevallig dat juist als vastgesteld wordt dat de Philomena-cultus achteruit ging, het dogma van de Onbevlekte Ontvangenis werd afgekondigd. Men kan overigens ook constateren dat van rond het midden van de eeuw — vergelijkbaar met de verspreiding van de Philomena-cultus — in heel West-Europa centra van Maria-verering ontstaan, nu evenwel gedragen en gesteund door de officiële Kerk.

[61] Ook op dit terrein is nog onderzoek te verrichten. Zie ook PHAYER, J.M., *Sexual liberation and religion in nineteenth century Europe,* Londen, Croom Helm, 1977, 11.

[62] Tot het midden van de eeuw verklaarden de rechtbanken in Frankrijk de eisen op trouwbelofte niet ontvankelijk, op basis van het verbod van onderzoek naar vaderschap. Giraud, Des promesses de mariage, *Revue critique de législation et de jurisprudence,* t. 17, 37 (1888), 732. Deze auteur is tegen de toepassing van de leer van de quasi-delicten (p. 743) e pleitte voor de herinvoering van het oude recht van de trouwbelofte. Voor Nederland: de Ruiter, J., en Moltmaker, J.K., *Personen- en familierecht,* (Reeks: Asser's Handleiding tot de beoefening van het Nederlands Burgerlijk recht, 1), Zwolle, Tjeenk Willink, 1982, 8.

[63] MESTWERDT, R., *Das Sozialbild der Ehe im Spiegel von Gesetzgebung und Rechtsprechung der letzten 150 Jahre,* Göttingen, 1961, 28.

sterk in de buurt van de civiele praktijk, door te bepalen dat de trouwbelofte schriftelijk moest worden vastgelegd en dat verbreking ervan enkel aanleiding kon geven tot schadevergoeding[64]. Op het — reeds aangehaalde — terrein van de dwaling was dan weer het civiele recht in West-Europa geneigd dichter aan te sluiten bij de canonieke doctrine, voor wat betreft de interpretatie van artikel 180 *Code civil*.

Los van alle negentiende-eeuwse retoriek moet men — denk ik — vaststellen dat de civiele en de kerkelijke macht samenwerkten om het huwelijk als hoeksteen stevig te verankeren in het maatschappelijk bouwwerk. Men zou hier met tal van voorbeelden nog kunnen verduidelijken dat de kerk voortging op de weg, die zij al in de zeventiende eeuw had ingeslagen, in die zin dat men, waar het civiel huwelijk verplicht werd, de gelovigen er op wees dat men zo snel mogelijk nadien een kerkelijk huwelijk moest sluiten[65]. De civiele rechtsleer van zijn kant maakte — vaak zonder dit uitdrukkelijk toe te geven — soms gebruik van de oude canonieke rechtsleer ter interpretatie van de civiele wet en ter oplossing van concrete problemen. Toch moet men vaststellen dat deze gecombineerde inspanningen niet hebben verhinderd dat het huwelijk vanaf de tweede helft van de negentiende langzamerhand plaats moest inruimen voor andere relatievormen en dat het dus als instituut op zijn teruggang lijkt.

3. De deficiënties van het burgerlijk huwelijksrecht (1800-2000)

Het verlies van Rome.

Men kan betwijfelen of de codificatoren van de *Code civil* wel een consistente visie op huwelijk en familie hadden. De opmerking van Portalis dat de familie de kweektuin is van de maatschappij en dat het huwelijk de familie vormt[66], is wel mooi, maar blijft steken in de redeneerkunst van de toenmalige *Conseil d'Etat*. Het probleem van een juridisch

[64] Canon 1017 § 1-3. Het decreet *Consensus mutuus* van 15 februari 1892 had overigens reeds vastgesteld dat de theorie van de *matrimonia praesumpta* definitief in onbruik was geraakt.

[65] Men denke bv. aan de instructie van de H. Poenitentiarie van 15 januari 1866. VAN GROESSEN, H. en VAN VLISSINGEN, C., *Het Kerkelijk Recht. Commentaar op de Codex met vermelding van het particulier kerkelijk recht voor Nederland en België,* Roermond-Maaseik, Romen, 1958, 531.

[66] 'Législateurs, les familles sont la pépinière de l'Etat et c'est le mariage qui forme les familles.' LOCRÉ, J.-G., *Législation civile, commerciale et criminelle ou Commentaire et complément des Codes français,* Brussel, Librairie de jurisprudence Tarlier, 1836, deel 2, 379.

aanvaardbare definitie van de instelling van het huwelijk is er niet mee gegeven. De hele negentiende eeuw door heeft men geworsteld met deze moeilijkheid, daarmee de discussie van de canonisten voortzettend: is het huwelijk een gewoon contract zoals alle andere, is het een toetredingscontract, een duurverbintenis, of moet men het zien als een vereniging[67]? Op welk moment moet men het huwelijk als voltrokken beschouwen, wat met de trouwbelofte? Is de bijslaap een wezenlijk onderdeel van de voltrekking? Deze, nogal middeleeuws smakende, vragen werden door de Franse codificatoren zedig toegedekt. Ook de Nederlandse codificatie van na 1815 worstelde er mee, zonder zichtbaar resultaat[68]. Men kon moeilijk een passend antwoord verwachten, aangezien de tijdsgeest elke verbintenis tussen burgers interpreteerde in het licht van het contractenrecht[69].

In feite gebeurde in het burgerlijk recht, wat vele eeuwen eerder ook in het canoniek recht was gebeurd: men steunde in alles op het Romeins recht (*ecclesia vivit lege romana*), met uitzondering van het huwelijk, dat door de Romeinen niet of onvoldoende juridisch geregeld was. Voor het huwelijk ging men — om begrijpelijke redenen — andere wegen en verliet men de maritale consensus-gedachte en de vormvrijheid van het Romeinse huwelijk. Zo ook de civiele wetgever[70]. Daardoor is het huwelijk een contract gebleven, in plaats van een *consortium omnis vitae*[71]. Daarbij kwam nog dat men, in tegenstelling tot het canoniek recht, niet de consequentie nam van die visie door de volledige vrijheid van de contracterende partner als een wezenlijk aspect van de huwelijkssluiting te beschouwen. Via de ouderlijke toestemming of de akte van eerbied als

[67] Bonnecase is van mening, dat de codificatoren het er onderling niet eens over waren wat nu juist de juridische status van het huwelijk was. Volgens hem beschouwden zij het huwelijk niet als een contract. In ieder geval was hijzelf van oordeel dat het niets met een contract gemeen had. BONNECASE, J., *La philosophie du Code Napoleon appliquée au Droit de Famille. Ses destinées dans le droit civil contemporain,* Parijs, de Boccard, 1928, 160-179.

[68] HUUSSEN, A.H., jr., *De codificatie van het Nederlandse huwelijksrecht,* 1795-1838, Amsterdam, Holland Universiteits Pers, 1975, 149.

[69] In zijn *Dictionnaire de philosophie* definieerde VOLTAIRE zelfs de vriendschap als een *contrat tacite*.

[70] Het verwijt van DURAND DE MAILLANE, dat de Kerk andere wegen is gegaan dan Rome, gaat wel op. Zijn wens dat de civiele wetgever weer aan zou knopen met de oude tradities heeft zich echter niet gerealiseerd. SAGNAC, P., *La législation civile de la Révolution française (1789-1804): essai d'histoire sociale*, Parijs, Hachette, 1898, 267.

[71] Le Bras, G., *La doctrine,* kol. 2135. Hierin heeft men de natuurrechtsjuristen van de achttiende eeuw niet gevolgd, o.m. Wolff en Pufendorf, die het huwelijk als *societas* zagen, als een morele persoon. Ebel F., "Die Ehe als juristische Person. Bemerkungen zu einer halbvergessenen Idylle", *Zeitschrift für das gesamte Familienrecht,* 25 (1978), 640. Grotius was hen in die visie voorgegaan: Gaudemet, J., *Le mariage,* 339.

vereiste creëerde men een huwelijksrecht, waarin de vrijheid in gevoelige mate werd beperkt. Dat dit verlies van Rome een reële invloed heeft gehad op de ontwikkelingen, is mijns inziens goed aan te geven door de recente herleving van het duurzaam concubinaat, dat het Romeins huwelijk in bepaalde aspecten dichter benadert: het geeft in ieder geval aan, dat het civiel recht in de levende werkelijkheid op dit punt te kort is geschoten.

Het huwelijk als basis voor de maatschappij

De karakterisering van het huwelijk door Portalis heeft gedurende de negentiende eeuw school gemaakt, zelfs nog in de eerste helft van de twintigste eeuw. Zij geeft aan het woord civiel zijn juiste betekenis: niet privaatrechtelijk, maar maatschappelijk. *Le Code fait prévaloir l'intérêt social*[72]. De Naurois sprak nog niet zo lang geleden van een *prise en charge* van het huwelijk door de civiele maatschappij[73].

In het woord contract lag opgesloten, dat het huwelijk een politieke zaak was[74], de eerste bouwsteen van *le contrat social*. In de negentiende eeuw werd gesproken over het huwelijk als een *démembrement partiel du droit politique*. Dat hield in, dat het huwelijk, het gezinsleven en de verhouding tussen de gezinsleden ook mede het lot van het politieke leven ondergingen. Het recht heeft het gezin aanvankelijk gebaseerd op het principe van de vaderlijke en de maritale autoriteit, de eerste steen in het gebouw van de staat[75], *la famille monarchique*[76]. (Dit belang van het huwelijk ging in de negentiende eeuw zelfs zo ver dat juristen zich genoodzaakt zagen te pleiten voor het recht op de ongehuwde staat)[77].

[72] Lefèbvre, C., "Equité canonique et consentement matrimonial", *Mélanges de science religieuse*, cahier 1, 136.

[73] De Naurois, "A la recherche d'une définition juridique du mariage: les réticences dans le consentement matrimonial en droit français", *Revue de droit canonique*, 16 (1966), 271.

[74] Lefèbvre, C., "Le mariage civil n'est-il qu'un contrat?", *Revue historique de droit français et étranger*, 1902, 315.

[75] Dit was een van de hoekstenen voor het leerstuk van de reverentiële vrees: de vrees voor de vaderlijke macht kon niet als een wilsgebrek worden ingeroepen. Zie Oesterlé, v° Consentement, *DDC* t. 2, kol. 331-337; LEFEBVRE, C., "Equité canonique...", o.c., 143-144. Men heeft vaak gewezen op het misogyn karakter van de napoleontische codificatie, LEVY, J.P., "L'évolution du droit familial depuis 1789", *Mélanges Roger Aubenas*, Montpellier, Université de Montpellier-Faculté de droit et des sciences économiques, 1974, 492; DE NAUROIS, L., "Structure de la famille en droit français", *Revue de droit canonique*, 15 (1965), 140.

[76] DEKKERS, R., "L'évolution du droit civil belge depuis le Code Napoléon", *Revue juridique de Congo, Droit écrit et droit coutumier*, 41, speciaal nummer, 1.

[77] VON CALL, "Das Recht auf Unehelichkeit", *Festschrift zur Jahrhundertfeier des Allgemeinen Bürgerlichen Gesetzbuches, 1 Juni 1911*, Wenen, 1911, 323-348.

De democratisering van het politieke leven en het veranderde denken over de politieke macht moesten in die filosofie ook leiden tot een achteruitgang en ten slotte teloorgang van de vaderlijke macht, in zijn negentiende-eeuwse uitdrukking. Het huwelijk en het gezin werden factoren in de politieke machtsstrijd: er zijn historici die de sexuele revolutie van de twintigste eeuw rechtstreeks wijten aan die teloorgang van de patriarchale machtsverhoudingen. Dat heeft tot gevolg gehad dat de wetgever op zoek moest naar een regeling voor de veranderde familiale verhoudingen: de gelijkheid van man en vrouw moest in het vermogensrecht worden ingebouwd[78], hetgeen de gezagsstructuren binnen het gezin verder aantastte, de beslissing tot het hebben en opvoeden van kinderen werd gespreid, bij zoverre dat de staat financiële prikkels daartoe inbouwde. Uiteindelijk heeft de overname van de sociale verzorging — die eerst in familieverband plaats vond — door de staat het individu uit zijn toestand van overgeleverd zijn aan de familievader (of -moeder) weggehaald. Niet meer het gezin is de kleinste cel in de staat, nu is dat het individu, dat overgeleverd dreigt te worden aan de anonieme staatsmacht. Het is het overdenken waard of de opkomst van de existentiële filosofie niet mede is veroorzaakt door het feit dat de familiale communicatie in een steeds grotere spanning kwam te staan met het gevoel van eenzaamheid in de moderne samenleving.

Het huwelijk als een wijze van eigendomsverkrijging

De Franse *Code civil* en andere negentiende-eeuwse wetboeken zagen het contract meestal als een middel van eigendomsverkrijging. In de burgerlijke opvatting was ook het huwelijk een middel tot het verwerven van kapitaal. Dat was overigens ook een van de redenen om huwelijken tussen verwanten te verbieden: een te grote concentratie van familiekapitaal en te weinig spreiding van risico's[79]. Voorzover het huwelijk werd gesloten door burgers die wat te verdelen hadden, valt zoiets te begrijpen. Dit is geen pure negentiende-eeuwse houding. Nog maar enkele jaren geleden stelde Hoefnagels zonder omwegen dat de gevolgen van het huwelijk in de eerste plaats van financiële aard zijn, misschien op de

[78] In tal van landen van West-Europa werd de gelijkberechtiging van de vrouw binnen het huwelijk erkend in de loop van de jaren vijftig van deze eeuw. In vele landen werd daaraan inhoud gegeven door een nieuwe regeling van het huwelijksvermogensrecht in de jaren zeventig.

[79] Huussen, A.H., jr., "Le droit de mariage au cours de la révolution française", *Tijdschrift voor Rechtsgeschiedenis,* 47 (1979), 30.

relatie met de kinderen na[80]. Wanneer men echter beseft dat de meeste partners vandaag niets in te brengen hebben en slechts hun empathie delen als basis voor hun relatie, begrijpt men licht dat ook in dit opzicht het huwelijk lijdt onder functieverlies. Empathie is een potentieel te zwakke basis om daar een levenslange relatie op te bouwen. In die zin tonen mensen onbewust misschien meer realiteitszin, door niet te huwen, maar dag na dag hun empathische relatie meer inhoud en basis te geven in een vrije verbintenis.

Een restant van de opvatting dat het huwelijk een wijze van eigendomsverkrijging is, vindt men ook terug in wat het *Rentenkonkubinat* wordt genoemd. Dit is de keerzijde van het burgerlijk huwelijk: het niet-sluiten om daardoor het verlies van te verwachten inkomsten, rente of pensioenen tegen te gaan[81]. Men mag niet verhelen, dat de kerk daaraan in sommige gevallen, om begrijpelijke redenen, haar medewerking verleent. Men moet zich echter in geweten ook afvragen of de bedienaar van de eredienst daar goed aan doet, niet alleen omdat de gemeenschap daar financieel door belast wordt, maar ook omdat het bij de betrokkenen een bepaalde indruk over het huwelijk versterkt.

In Duitsland zag men zich genoodzaakt aan artikel 1353 BGB een passage te laten voorafgaan, waarin stond, dat een huwelijk voor de duur van het leven wordt aangegaan. Deze bepaling viseert op de eerste plaats de schijnhuwelijken, die ook daar voorkomen. Op de achtergrond van die schijnhuwelijken staan dan vaak heel pittige commerciële belangen van mensen die handelen in huwelijken om vreemdelingen in staat te stellen de nationaliteit van het land te verwerven door het afsluiten van een (zij het tijdelijk) huwelijk[82]. Wie enigszins vertrouwd is met deze materie, weet dat diezelfde problematiek ook in Nederland en België speelt. Ook op dit terrein is het huwelijk dus geen doel meer, maar is het een middel geworden.

De echtscheiding

De verhouding tussen burgerlijk en kerkelijk huwelijk is een politieke zaak, die meer de staat en de kerk aangaat dan de families. Het probleem van de echtscheiding is echter een groot familiaal probleem. Juist hier heeft de wetgever in de laatste twee eeuwen blijk gegeven van zijn

[80] Hoefnagels, G.P., "Creatief bezuinigen in het personenrecht, in het bijzonder bij bruidsparen en exparen", *Het Personeel Statuut,* 35 (1984), 85.

[81] Bosch, F.W., *o.c.*, 2.

[82] Marcks, D., "De problematiek van de schijnhuwelijken (in Duitsland)", *Het Personeel Statuut,* 34 (1983), nr. 5, 69.

onvermogen een duidelijke definitie te geven van het huwelijk en dus ook van wat een einde aan dat huwelijk zou maken[83]. Het antwoord is aanvankelijk geweest een beperking van de mogelijkheden tot scheiden, door de afschaffing van de echtscheiding voor *incompatibilié d'humeurs*, van de echtscheiding door onderlinge toestemming of van de echtscheiding tout court (in Frankrijk). Vanaf het laatste kwart van de negentiende eeuw zien wij dan een omgekeerde beweging, die ten slotte leidt tot een echtscheiding *ad nutum*, door een gewone overschrijving in de registers van de burgerlijk stand[84]. Vóór de Tweede Wereldoorlog moest

[83] Het tekort aan een inhoudelijke benadering van het huwelijk wordt weerspiegeld in de verschillende benadering van de echtscheidingsgronden t.a.v. man en vrouw. 'Kleine misstappen' van de man werden eerder door de vingers gezien dan die van de vrouw.

[84] Het Familienrechtsänderungsgesetz van 1961 en het zogenaamde eerste Eherechtsreformgesetz van 1976 en 1977 hebben in in Duitsland o.a. het echtscheidingsrecht hervormd. De nieuwe normen op de echtscheiding zijn weer in het BGB opgenomen. Bosch, F.W., o.c., 23.

Wat de echtscheiding door onderlinge toestemming betreft is in België de toestand veel soepeler geworden door opeenvolgende wetswijzigingen. Belangrijk zijn de wetten van 20 november 1969 en van 1 en 10 juli 1972. Dumon, W.A, "Echtscheiding in België", *Kultuurleven*, 1979, 11-13. Op het einde van de jaren zestig zijn er diverse pogingen ondernomen om het divorce faillite ook in België in te voeren. Bij wet van 1 juli 1974 is dat dan ook gebeurd. Echtscheiding werd mogelijk na tien jaar feitelijke scheiding, ook wanneer deze scheiding het gevolg is van krankzinnigheid of geestelijke gestoordheid van de andere echtgenoot. Het begrip schuld ontbreekt hier volledig: elk van beide echtgenoten kan echtscheiding vorderen.

Aanvankelijk gold in hoofde van de man overspel alleen als dat gepaard ging met onderhoud van bijzit in de echtelijke woning. Het begrip echtelijke woning werd door de rechtspraak in de laatste decennia zeer breed geïnterpreteerd, bij zoverre dat er praktisch geen plaats meer was die daarbuiten viel. Bij wet van 28 oktober 1974 is de beperking van de echtelijke woning dan ook weggenomen, en het enkele overspel als echtscheidingsgrond ook wat betreft de man ingevoerd.

In de meeste Europese landen is de echtscheidingswet aangepast in de richting van de divorce-faillite. In 1971 is dit de scheidingsgrond geworden in Nederland, in 1975 in Frankrijk, in 1976 in Duitsland. In Engeland bestaat de echtscheiding op grond van duurzame ontwrichting reeds sedert 1970.

Koopmann, Echtscheidingsrecht, Zwolle, Tjeenk Willink, 1986, 129 e.v.: Van de oude katholieke landen, waar voorheen geen echtscheiding mogelijk was, werd Italië de eerste rebel. Reeds in 1878 diende daar Salvatore Morelli een wetsvoorstel in ter invoering van de echtscheiding, evenwel zonder gevolg. Daarna werden nog vele wetsvoorstellen ingediend, die het echter nooit tot wet brachten. Ten laatste werd een voorstel ingediend door de socialistische afgevaardigde Loris Fortuna, een ontwerp dat later werd gecorrigeerd en aangevuld tot het ontwerp Fortuna-Spagnoli/Baslini-Bozzi. Dit werd de wet van 1 december 1970. Volgens deze wet waren het burgerlijk en het kerkelijk huwelijk gelijkwaardig. Dit betekent dat de rechter in theorie beide huwelijken kan ontbinden. Dit is echter in de praktijk niet zo: de rechter kan alleen de burgerrechtelijke gevolgen van het verbreken van het kerkelijk huwelijk regelen. Binnen zes weken na de inwerkingtreding van de wet van 1970 werden in Italië 30.000 huwelijken ontbonden, meest van mensen die reeds jaren niet meer samen leefden.

de rechter onderzoeken of er gronden waren voor het toestaan van een echtscheiding, nu zouden wij helaas moeten zeggen, dat de rechter moet nagaan of er wel een huwelijk is voorafgegaan aan de echtscheiding.

Depersonalisering: het huwelijk voor de statistieken

In de marge van het recht kwamen in de negentiende eeuw de eerste sociologische onderzoeksmethoden op, die het huwelijk en de kinderrijkdom benaderden op een positivistisch-wetenschappelijke basis, of wat daar toen moest voor doorgaan. Deze aanpak had ook veel van doen met de malthusiaanse wens om getalsmatige informatie te krijgen over de fertiliteit van de bevolking, zodat men aan familiepolitiek kon doen. Deze tendens heeft zich ondertussen doorgezet. Het huwelijk is een element geworden van familiepolitiek, maar niet het enige. Langzamerhand richtte men zijn aandacht meer op de opvoedingssituatie, op technieken van geboortenregeling en op depenalisering van abortus. De economische en de sociologische benadering hebben het eigenlijk gewonnen van de juridische. Het getal is meester geworden over het beleid, boven de huwelijkssatisfactie of het persoonlijk levensgeluk. Wellicht heeft dit tot een reactie geleid bij de burgers, in die zin dat zij hun toevlucht hebben gezocht in de vrije relatie, niet uit een tekort aan levensernst, maar om het onbehaaglijke gevoel te onderdrukken, dat hun leven door het huwelijk zou veranderen in een door de overheid planbare en door de wetenschappers berekenbare keten van onpersoonlijke beslissingen, waar zij zelf geen vat meer op hebben.

Hoe sterk de invloed van de statistiek is geworden merkt men zelfs aan de publikatie van de door mij en vele anderen bewonderde Gaudemet. Ook hij ontsnapt er niet aan: de laatste hoofdstukken van zijn voortreffelijk boek over het huwelijk zijn gevuld met cijfers over de huwelijksfrequentie, de variatie in de huwelijksleeftijd, de geboortencontrole

Na Italië was het Liechtenstein dat het eerst de poorten open zette voor de echtscheiding. Bij wet van 13 december 1973 werd daar het burgerlijk huwelijk voor iedereen voorgeschreven, zodat echtscheiding mogelijk werd, zowel voor katholieken als voor niet-katholieken. In Portugal was, tot Salazar, wel echtscheiding mogelijk. Bij concordaat van 1 augustus 1940 werd die mogelijkheid opgeheven voor huwelijken die gevolgd werden door een katholiek huwelijk. Op dit concordaat kwam een aanvullend protocol in 1975, waarbij voor katholieke huwelijken de mogelijkheid werd geopend op echtscheiding. In Spanje was onder Franco het burgerlijk huwelijk voor katholieken uitgesloten, zodat zij ook geen echtscheiding konden aanvragen. Daar werd in 1978 een nieuwe grondwet, bij referendum, aangenomen met 87 % pro. Deze grondwet voorzag in de vrijheid van eredienst, waardoor het burgerlijk huwelijk ook voor katholieken mogelijk werd — en dus ook de echtscheiding. Een nieuwe echtscheidingswet volgde ten slotte in 1981. In Engeland trad op 1 januari 1971 de *Divorce Reform Act* van 1969 in werking. Deze wet werd later opgenomen in de *Matrimonial Causes Act* (1973).

en dergelijke meer. Deze economische en sociologische benadering van het huwelijk heeft het blijkbaar gewonnen van de juridische[85].

4. Conclusie

Bij de analyse van de geschiedenis van het huwelijksrecht in de laatste eeuwen past geen andere conclusie dan die van het open einde. Wij moeten constateren dat de herhaalde en voortdurende pogingen van de kerkelijke — en later van de burgerlijke macht telkens uiteindelijk onmachtig zijn om op de lange termijn de ontwikkelingen in de familiale en sociale relaties te beheersen. Die onmacht kan gedeeltelijk worden verklaard vanuit de vaststelling dat men er ook niet in slaagt een religieus en cultureel aanvaardbaar en homogeen huwelijksmodel inhoud te geven. Elke poging gaat ten slotte gebukt onder de noodzaak uitzonderingen te voorzien voor het complexe patroon dat de samenleving van mensen kan vertonen. Het moderne civielrecht heeft dezelfde kracht en lijdt onder dezelfde zwakheid als die welke ook het canoniek recht heeft ondervonden, namelijk dat er steeds een grote variëteit van levensstaten is, die, zonder negatieve gevolgen, niet kan worden herleid tot één model. Bovenstaande analyse en overwegingen kunnen dan ook niets anders zijn dan een uitnodiging tot verdere studie en regelgeving, in het voortdurende besef, dat elke wetgever op de eerste plaats nederigheid past.

[85] Typisch is, dat na de Tweede Wereldoorlog de Commission Internationale de l'État Civil werd opgericht, waar op dit ogenblik de meeste Europese landen deel van uitmaken.

ERVARINGEN VAN EEN OFFICIAAL

O.F. TER REEGEN[1]

Het is een vaststaand feit dat een Officialaat zich hoofdzakelijk met huwelijkszaken bezighoudt. Andere zaken worden nauwelijks ter behandeling voorgelegd. De vraag kan dan worden gesteld of voor het Officialaat, zoals in veel Angelsaksische landen, de naam huwelijksrechtbank niet toepasselijker is! De naam beantwoordt dan beter aan de werkelijkheid.

Immers wat doet een Officialaat? Het verklaart huwelijken nietig, omdat bij de huwelijkssluiting niet de wezenlijke voorwaarden van verstand en wil aanwezig waren die voor de geldigheid van een huwelijk zijn vereist (canones 1095-1107), of het stelt vast dat huwelijken niet geldig zijn omwille van een ongeldigmakend huwelijksbeletsel (canones 1083-1094) óf omdat de voorgeschreven huwelijksvorm (canones 1108-1123) niet is onderhouden. De uitspraak van het Officialaat is altijd een juridische uitspraak met betrekking tot het aan het Officialaat voorgelegde huwelijk. De uitspraak van een Officialaat houdt zich dus niet in de eerste plaats bezig met de maritale relatie als zodanig. De kernvraag luidt: was deze verbintenis juridisch een huwelijk of niet.

De kerkelijke wetgever heeft in deze een goed bruikbaar procesrecht opgesteld. Dat bewijst in de praktijk zijn waarde nog steeds, maar roept niettemin vragen op.

Ik wil er enkele noemen.

1. In de processen naar de nietigheid moet altijd worden teruggegaan naar het moment waarop het huwelijk gesloten (en voltooid) is, met andere woorden men moet van het *nunc* terug naar het *tunc*. Strikt genomen moet dan voor een huwelijksproces een *litis constestatio* worden vastgesteld: welke is de grond waarop een huwelijksnietigheid wordt aangevraagd. De vraag is echter of ook bij een huwelijksproces een *litis contestatio* vastgesteld moet worden. Het huwelijk is immers geen twistgeding. Anderzijds is het de vraag of de aanvragers of liever de partijen in staat zijn een *litis contestatio* aan te geven? Mijn ervaring in deze is negatief. Daarbij komt dus de vraag in alle scherpte naar voren: is het

[1] Officiaal van het Aartsbisdom Utrecht-Groningen en van het Bisdom Rotterdam.

juist de nietigheid van een huwelijk te achterhalen van het *nunc* naar het *tunc*? Immers in de loop van de geschiedenis van mensen wordt duidelijk óf mensen kunnen beantwoorden aan het in canon 1055 als wezenlijk voor het huwelijk gestelde en óf zij een huwelijkstoestemming kunnen afgeven conform het in canon 1057 § 2 voorgeschrevene.

De ervaring leert, als er dan al sprake moet zijn van een vaststelling van een *litis contestatio*, deze in de loop van de instructie wordt gevonden. Het lijkt daarom beter meer de nadruk te leggen op het *matrimonium in fieri*, dan op het *matrimonium in facto*.

Soms blijkt dat de weg van het *nunc* naar het *tunc* onmogelijk is ófwel omdat het huwelijk zonder enige twijfel, volgens alle verklaringen, geldig is gesloten ófwel omdat de nietigheid niet met morele zekerheid kan worden vastgesteld en het huwelijk krachtens canon 1060 de rechtsbegunstiging behoudt. Wat dan te doen?

Als gesteld wordt dat de kwetsbaarheid en de brekelijkheid van het huwelijk in onze tijd en in onze cultuur overwegend van structurele aard is[2], kan het huwelijk alleen vanuit die contekst worden beoordeeld. F. Heggen en G. van Tills stellen: "Daaruit volgt dat de scheiding niet zomaar veroordeeld mag worden. Vaak is het de enig verantwoorde oplossing. De vraag dringt zich op of de Kerk dit niet moet erkennen en uitspreken".

Wat zijn immers de feiten? De huwelijksrelatie is weg; de liefde is dood en de echtelieden zijn onontkoombaar en onherstelbaar gescheiden en van elkaar vervreemd. Moet dan zondermeer geconcludeerd worden: de nietigheid is niet te bewijzen, dus de mensen blijven — tegen alle realiteit in — door de huwelijksband aan elkaar gebonden? Kan de rechter echter ook oordelen: hier is het huwelijk dood, het bestaat niet meer, om dan, na serieuze overweging, uit te spreken *constare de nullitate*. Is dat ook niet billijker en rechtvaardiger naar de ten onrechte verlaten partner, die een nieuw leven heeft opgebouwd, of wil opbouwen?

Zou de rechter 'tot de dood ons scheidt' ook niet kunnen interpreteren als geldend voor de psychische dood in analogie met de psychische onmacht die nu in canon 1095 erkend is?

De vraag of een huwelijk dood is vraagt prudentie en discretie; maar geeft de werkelijkheid hier al vaak niet het antwoord op?

[2] Zie HEGGEN, F. en VAN TILLO, G (ed.), *Het kwetsbare huwelijk*, Averbode, Altiora, 1984, 24.

2. Een andere vraag dient zich aan met betrekking tot de niet-katholieken, gedoopt of ongedoopt, die zich tot het Officialaat wenden, omdat ze gescheiden zijn en met een katholieke partner willen huwen en wel ten overstaan van de kerk. Allereerst de vraag: komt het Officialaat aan hun rechtsgevoel tegemoet door hun huwelijk — al is het ook indirect — aan de rechtspleging van de katholieke kerk te onderwerpen? Is het juist om in een dergelijke zaak, wanneer de andere partij niet mee wil doen en ook de getuigen het laten afweten, te oordelen: *non constare de nullitate*, of een beroep te doen op de rechtsbegunstiging van het huwelijk conform canon 1060?

Wordt zo iemand die geen lid is van de katholieke kerk dan niet verplicht te blijven leven in een huwelijk dat èn naar eigen geweten èn naar de eigen kerkorde, die zich aan de burgerlijke echtscheiding conformeert, niet meer bestaat?

Zou hier een attest van de desbetreffende predikant of kerkeraad — in het geval dat de aanvragende partij tot een bepaalde kerk of geloofsgemeenschap behoort — niet meer voor de hand liggen? Of in het geval van een niet-gedoopte van een — door een onbesproken getuige — *testimonium credibilitatis*? Zou in zulk geval ook het *documentum libertatis* geen nieuwe waarde kunnen krijgen?

Hoe kan de kerk ten aanzien van niet-katholieken de sacramentaliteit van het huwelijk handhaven waar deze de sacramentaliteit van het huwelijk als zodanig niet erkent?

3. Met deze vraag is een andere, meer wezenlijke, verbonden namelijk met betrekking tot de huwelijksopvatting van de moderne mens. Een algemeen geconstateerd feit is, dat de onverbrekelijkheid van het huwelijk, in onze geseculariseerde maatschappij, geen algemeen aanvaard gegeven meer schijnt te zijn. Met de mond belijdt men in de euforie van de huwelijkssluiting "tot de dood ons scheidt", maar de praktijk wijst anders uit. Veel mensen binden zich niet, kunnen zich niet meer, voor het leven binden; zij bevinden zich hiertoe in een psychische onmogelijkheid.

Wat moet een Officialaat dan doen? Mag het bij niet-katholieken, inzonderheid bij niet-gedoopten, uitgaan van dit gegeven en in deze genoegen nemen met een beëedigde verklaring van beide partijen en zo mogelijk van meerdere getuigen? Immers een onverbrekelijk huwelijk aangaan, absoluut en wel doordacht, is — gezien hun cultuur — vaak niet onvoorwaardelijk gewild. Is juist daarom een procedure met beëedigde verklaringen niet voldoende?

Voor mij persoonlijk is het in onze rechtspleging een zwaar probleem, dat het huwelijk van gedoopten een sacrament is.

a. Het ontvangen van een sacrament vraagt geloof. Sacramenten zijn immers geloofshandelingen, tekens, handelingen waardoor genade wordt aangeduid en gegeven (canon 834 § 4)
In hoeverre zijn mensen die trouwen zich van de sacramentele waarde van een huwelijk bewust en hierop gelovig voorbereid? Is hun huwelijk een geloofsdaad of een louter vaag religieus gebeuren? Hoe uitspraken te interpreteren als: "Ik wil voor het altaar staan en Gods zegen ontvangen" of welke betekenis hebben de woorden: "Het kerkelijk huwelijk is voor mij pas het echte huwelijk". In gemoede stel ik me weleens de vraag, hoeveel kerkelijk gesloten huwelijken als sacramenteel gesloten huwelijken kunnen worden beschouwd?
Het is voor mij dan ook vreemd te moede, dat het geloof in onze rechtsspraak een zo weinig wezenlijke rol speelt. Ik vraag me af: hoeveel mensen zijn, vanuit hun geloof, tot een sacramenteel huwelijk in staat; hoeveel zijn er met betrekking tot het sacrament van het huwelijk nog maar katechumeen?
Is het daarom juist om iemand die alleen maar gedoopt is en totaal niet gelovig is opgevoed, te houden aan de huwelijksforma van een kerk waarvan hij alleen maar *papieren* lid is?
Is de toepassing van de *defectus formae* die door meer dan één Officialaat slechts met een handtekening wordt afgedaan, niet vaak een onrecht aan de niet-katholieke partij, zeker wanneer het huwelijk vele jaren heeft geduurd, en door de andere partij niet als slecht is ervaren? Zou in deze gevallen een gesprek met de katholieke partij niet minstens te overwegen zijn en ook het daarbij betrekken van de niet-katholieke partij?
Hoe weinig gelovigen de noodzaak van een kerkelijk huwelijk inzien, bewijst het aantal *defectussen formae*; een aantal dat nog steeds stijgende is. Zou een erkenning van het burgerlijk huwelijk als — ook voor de katholieken — geldig, niet meer aan het moderne levensgevoel beantwoorden?

b. Het huwelijk geeft geen onuitwisbaar merkteken zoals het doopsel, vormsel en priesterschap (canones 849, 874, 1008). Zou dat niet mogen leiden tot de conclusie, dat het huwelijk kan ophouden? Met andere woorden dat het niet onverbrekelijk is en persé duren moet tot de dood ons scheidt? Vanuit de geschiedenis van het kerkelijk huwelijk en de traditie en praktijken van de Oosterse Kerken zou men niet anders dan affirmatief kunnen antwoorden.
Waarom is 'deze' praxis in de Westerse Kerk niet mogelijk? Als deze praxis echter wordt ingevoerd, moet een lijst van duidelijke criteria

worden opgesteld om de juiste aanwending ervan te garanderen, zoals in de Oosterse Kerken

Ter adstruering kan in de overweging worden meegenomen, dat de onontbindbaarheid van het huwelijk noch een absoluut gegeven is noch een geloofspunt (cf. de behandeling van het huwelijk op het Concilie van Trente).

c. Als het waar is dat de huwenden elkaar het sacrament toedienen, waarom kan dan in een zogenaamd oecumenisch huwelijk (met assistentie van een priester of diaken) de predikant niet als *testis qualificatus* optreden? Zou dat niet meer in de geest van Trente liggen, die een publiek kerkelijke figuur in deze wenste, om clandestiene huwelijken te voorkomen?

Vele gelovigen begrijpen niet, dat een huwelijk, voor de predikant alleen gesloten, ongeldig is. Persoonlijk kan ik hun dat ook niet verduidelijken. Ik zie niet in welke argumenten hiertegen in stelling te brengen.

Zou met betrekking tot dit punt een gemeenschapelijke verklaring van de Raad van Kerken geen uitkomst kunnen bieden; temeer daar we in ons land, met zo'n variëteit van kerken en geloofsgemeenschappen, steeds meer met dit feit worden geconfronteerd?

4. Een laatste vraag: wat heeft het automatische beroep op de tweede instantie voor zin, als de eerste instantie naar beste weten de instructie heeft uitgevoerd, de partijen recht heeft gedaan; wanneer zij de uitspraak aanvaarden zonder er beroep tegen aan te tekenen? Is een negatieve uitspraak van de tweede instantie dan te verantwoorden? Getuigt dit wel van collegialiteit en vertrouwen in elkaar?

Voor mensen is het in deze volkomen onduidelijk waarom de ene instantie unaniem het *constare de nullitate* uitspreekt en een andere instantie deze afwijst? Zou een automatisch decreet van de nietigheid van een huwelijk in zo'n geval niet eerder van toepassing zijn? Omwille van — minstens — twee redenen: respect voor het werk van de eerste instantie en erkenning van het rechtsgevoel van de mensen in kwestie.

Tot slot enige algemene vragen.

Moet de kerkelijke rechter iemand zijn, die slechts heel formeel naar de letter van de wet oordeelt, of moet hij iemand zijn die de wet wijs weet te hanteren *ad salutem animarum* (canon 1752). Zou dit laatste niet de handleiding moeten zijn bij onze rechtspraak? Zou de pastorale kant niet veel meer geaccentueerd moeten worden? Zou veel weerstand tegen ons systeem hierdoor niet worden gebroken?

Is de beoordeling van ongeldige huwelijken niet te veel en louter eenzijdig een rechtszaak, waarbij de heelheid van de mens uit het oog wordt verloren; wat leidt tot pijnlijke uitspraken: "Uw huwelijk heeft nooit bestaan".

Conclusie

Ik zou tenslotte willen pleiten om titel I van de bepaalde bijzondere processen, handelend over huwelijksprocessen (canones 1671-1707), uit het Kerkelijk Wetboek te verwijderen en het te vervangen door een pastorale benadering, die de mens meer nabij is en die meer recht doet aan de actuele situatie, waarin deze zich nu bevindt. Dit zou mijns inziens naadloos aansluiten bij de opvatting van het huwelijk als een intieme en algehele levensgemeenschap (canones 1055 § 1).

PASTORAAT VAN, MET EN VOOR ECHTGESCHEIDENEN

G. DEBREE

I. INLEIDING

Vier factoren, midden een ruime waaier van pastorale aktiviteiten en initiatieven, hebben een belangrijke invloed uitgeoefend op en zijn een impuls geweest om werk te maken van een "pastoraat van, met en voor echtgescheidenen" in Aalst (Oost-Vlaanderen). Ik vermeld:

* De uitdaging om als priester van 1971 tot 1982 als permanent-assistent mee te werken in het pluralistisch alternatief sociaal centrum "HAK-Aalst" (Hulp-, Advies-, Kontakt-centrum), en van 1975 tot 1980 in "GOC-Aalst", een ontmoetingscentrum voor homofielen. Daar werd ik van zeer nabij geconfronteerd met de broosheid van het leven en de gebrokenheid van veel huwelijken en twee-relaties.
* Van 1974 tot 1992 heb ik het team verloofdenpastoraal van de dekenij Aalst begeleid en geanimeerd.

Hoewel de interesse voor deze vorm van pastoraal bij de verloofden afnam, werd verder met grote vlotheid kerkelijk gehuwd. Dit ondanks de vele relatiebreuken. Dit deed bij mij vragen rijzen naar onze vorm van huwelijksvoorbereiding, de kijk op het huwelijk en de werking van de gezinspastoraal. Er zit ergens iets fout.

* In 1976 heb ik kennis gemaakt met de ideeën van P.J.M. Huizing rond kerk en sacramenten, het huwelijk en de (on)ontbindbaarheid ervan, en ook met zijn pogingen om de kerkelijke huwelijkswetgeving te herdenken én te herschrijven. Volgens hem moet de pastoraal ertoe bijdragen om het kerkelijk recht te herdenken én tot het ideaal én tot het haalbare. Hij is, samen met mijn persoonlijke ervaringen, de stimulans geweest om de echtscheidingsproblematiek niet uit de weg te gaan.
* Tenslotte vermeld ik de evolutie van de v.z.w. JEBRON, die ik in 1976 met een equipe jong-volwassenen had opgestart. Van "Centrum voor Jeugdpastoraal" groeide dit project naar een "Open Huis voor

Vorming en Pastoraat". Het was een bewuste keuze vanuit het inzicht dat jeugdpastoraal maar zinvol kan gedijen als die zit ingebed in de beweging van een bredere gemeenschap van zoekende gelovigen. In 1983 werd het licht op groen gezet om te starten met een pastoraal van, voor en met echtgescheidenen onder de naam EGRA (Echtgescheidenen Gespreksgroep Regio Aalst).

Sindsdien zijn ongeveer 320 mensen in echtscheiding of met relatiebreuk aktief geweest in EGRA. Ik ben er nog sterker in aanraking gekomen met de pijnlijke levenservaringen van gescheidenen. Problemen als vereenzaming, spanpijn naar kerkelijke houdingen, opvoeding van de kinderen, procedures, werksituaties, het "getekend" zijn, blokkering van de persoonsgroei, sexualiteit enz... kwamen op tafel en werden bespreekbaar gemaakt. Wat bijna onkundig begon, groeide uit tot wat men een "zelfhulpgroep voor gescheidenen" kan noemen. EGRA heeft zich van bij het begin als een gemengde groep opgesteld: zowel naar sexe en noodwendigheid, als naar leeftijd en huwelijksduur.

We kunnen niet rond de vaststelling heen dat het aantal scheidingen groot is.

Uit recent onderzoek blijkt dat er zich in 1955 3 % scheidingen voordeden, in 1975 reeds 11 %, en dat er momenteel cohortes zijn met 18 % scheidingen[1]. De mogelijkheid dat deze evolutie zich verder doorzet naar 25 % scheidingen is niet uitgesloten. Wat de gebrokenheid van het aantal twee-relaties betreft, is geen exact studiemateriaal voorhanden. Hieruit kan men volgende hypothese afleiden. Ofwel is de rest van de relaties stabieler, ofwel zijn de relaties die stand houden toch nog instabiel. De pastoraal dient hiermee rekening te houden. Want deze scheidingen hebben ofwel te maken met een verkeerde partnerkeuze en dan dient men grondig na te gaan wat er met de huwelijksvoorbereiding en -sluitingen — burgerlijk en kerkelijk — valt te gebeuren. Ofwel hebben ze te maken met de instabiliteit van alle relaties op zich en dan dient de gezinspastoraal opnieuw te worden bekeken.

Het argument dat een grote morele verloedering de hoofdtoon aangeeft in onze samenleving en oorzaak is van al deze scheidingen wordt, naar mijn aanvoelen, door kerkmensen overdreven gehanteerd. Het laat de indruk na dat men geen weg weet met de gegroeide mondigheid van een zeer groot deel van het kerkvolk.

[1] JACOBS, TH., *Het huwelijk vandaag: een demografische en sociologische analyse*, referaat tijdens de studiedagen "Het huwelijk kerkelijk en werkelijk" van de Werkgroep Nederlandstalige Canonisten (15-17/4/1993) te Ambt Delden (NL).

Ik kon alvast beluisteren dat de meeste mensen in scheiding of met relatie-breuk maatschappelijk en kerkelijk in de kou staan en vereenzamen. Vooral degenen die gelovig-zoekend en kerk-pratikerend zijn — een aantal dat niet te onderschatten is — hebben het lastig met heel wat pauselijke uitspraken en kerkelijke houdingen en wetten. Zij vinden dat de RK-kerk niet op hetzelfde spoor zit als haar inspiratiebron, het Israël- en het Jezusverhaal, en dat zij veel van haar wetten en uitspraken dient te herzien. Zij wijten veel ontkerking aan starheid en aan binnenkerkelijke gerichtheid, waardoor de kerk aan het leven van mensen voorbijgaat.

Ik schrijf een en ander vanuit mijn pastoraal met gescheidenen en relatie-ontdanen. Zo wil ik wegen banen voor gescheidenen die hun nieuwe relatie ook een gelovig-liturgische dimensie willen geven.

II. Probleemstelling: echtgescheidenen en nieuw-huwenden in de kou

Vooreerst wil ik duidelijk stellen waarom ik de voorkeur geef aan "nieuw-huwenden" boven "hertrouwden". De woorden "trouw" en "huwelijk" worden voortdurend als synoniem gebruikt. Met "deze zijn gehuwd" en "die daar zijn niet getrouwd", bedoelt men dat het koppel in kwestie wél of niét een burgerlijke en/of kerkelijke ritus heeft voltrokken.

Dient de eigenheid van beide woorden niet méér te worden gerespecteerd? In deze zin wil ik ze als volgt omschrijven:

Trouw is de innerlijke gesteltenis en levenshouding, uitgedrukt in een voortdurend positief handelen van een mens tegenover een ander; een taak of een levensvorm, waarin de volledige ontplooiing van zichzelf en de andere zijn realisatie kan vinden.

De leefvormen van de trouw zijn ruimer dan enkel het huwelijk en vinden hun grond in het liefhebben.

Huwelijk is een relatievorm, maar vooral het instituut waarin en de ritus waarbinnen twee mensen de wil uitspreken en het verbond aangaan om het leven exclusief in alle — zoniet in vele — aspecten te delen. Verwacht wordt dat de trouw, gegrond in het liefhebben, de diepe basis is van het huwelijk, zowel gelovig als burgerlijk.

De trouw is zo de diepe basis én van het huwelijk én van de twee-relatie, welke vorm deze laatste ook aanneemt. Uiteraard zijn dus niet alle mensen, die in trouw toeleven naar een ander, gehuwd. Van hieruit kunnen huwelijk en twee-relatie op mekaars hoogte worden gebracht, waardoor echtscheiding en relatie-breuk eveneens in dezelfde pijn-lijn staan. De morele pijn en onmacht bij de partners is dezelfde zowel bij een echtscheiding als bij een relatie-breuk. De juridische omkadering en bindingen van het huwelijk, burgerlijk en/of kerkelijk, brengen daarin geen onderscheid aan. Dit spanningsveld tussen trouw en huwelijk zet zich door tot in de kerkwet.

Enkele voorbeelden. Ik ontmoette twee vrouwen die vanuit oprechte trouw jarenlang in een uitgesproken lesbische relatie hebben geleefd. Zij leefden sterk sociaal geëngageerd. Na enkele jaren bleek de relatie niet meer houdbaar, ook al bleef de verstandhouding goed. Elk ging haar eigen weg en kort daarna ontmoette één van hen een mannelijke partner. Zonder enig juridisch probleem is zij in het kerkelijk huwelijk gestapt, want zij was gelovig. Welke priester kent er geen koppel die in een twee-relatie leefde — soms jaren en met de beste intenties — en na deze ervaring met een andere partner in het huwelijk is gestapt? Burgerlijk en kerkelijk is er geen enkel probleem daar er geen vorig huwelijk het huidige kan beletten. Een koppel is enkel burgerlijk gehuwd en heeft kinderen. Na enkele jaren bleek de trouw nog van één partner uit te gaan. Een lange weg van pijn manifesteert zich tot uiteindelijk de relatie eindigt op een burgerlijke scheiding. Niets staat deze éne gelovige partner in de weg om, bij een nieuwe relatie ook kerkelijk te huwen. Wordt hier niet gemeten met twee maten en twee gewichten?

Momenteel mislukt bijna één op vijf huwelijken, waarbij de meeste van deze gescheidenen sociaal én kerkelijk in de kou komen te staan en kampen met "vereenzaming". De pastorale praktijk beluistert deze vereenzaming op de volgende manieren:

a. Hoe pijnlijk een relatie verloopt, de breuk wordt door de partners, niet het minst door de meest getroffene, als een mislukking ervaren. Door de aanwezigheid van de schuldvraag sluiten velen zich op en vermijden sociale contacten. Zij zijn bang voor een bevraging van hun mislukking en doen er soms maanden over vooraleer ze opnieuw een stap naar buiten zetten.
b. Familie, buren en vrienden nemen vaak afstand van de gescheidene. Misschien een onbewuste reflex. Maar het wekt toch de indruk dat de directe omgeving niet in staat is de mislukking te bevragen of ter sprake te brengen. Het omgekeerde kan ook gebeuren. De omgeving kan zich ook té sterk bemoeien en dit schept voor de gescheidene een dubbele last: de ruimte om de situatie te verwerken ontbreekt, en men weet zich de gevangene van de overbezorgdheid van de anderen.

c. Meestal wordt het burgerlijke scheidingsproces ervaren als een 'kruisweg', bezaaid met pesterijen allerhande om morele druk uit te oefenen. Kinderen worden gebruikt en misbruikt. Toch verkiest men dit boven een onhoudbare en mensonwaardige huwelijksrelatie. Het is een weg die gescheidenen meestal alleen moeten gaan.
d. Naast deze psychische en sociale "verlatenheid", staat één van de gescheidenen voor de opdracht om de kinderen voortaan **alleen** op te voeden. De mogelijkheid tot co-ouderschap bestaat, maar vrij weinigen zijn er toe in staat daar de partners meestal te ver uit elkaar zijn gegroeid. Ook hierin botst de gescheidene op haar/zijn vereenzaamde situatie.
e. Een vijfde element van het zich in de kou weten, is de soms aangrijpend-moeilijke materiële en financiële situatie. Dit is een niet te verwaarlozen element in de uitbouw van een "pastoraal voor echtgescheidenen, relatie-ontdanen en nieuw-huwenden".
f. Een gescheidene komt soms in de kou te staan bij het ontstaan van een nieuwe relatie. Durft de nieuwe partner ongehuwd zijn, dan komen ouders en familie ervan nogal eens in opstand tegen deze relatie. Ze geven er de voorkeur aan dat zoon-en/of dochter-lief met een "onbesproken" partner thuiskomt. Wat wordt er met "onbesproken" dan wel bedoeld? Zo wordt de gescheidene extra op de scheiding gewezen en geraakt in zijn/haar diepste wezen. Naast de vele pijnlijke confrontaties is de weg naar "nieuw-huwen" voor hen een moeilijke opdracht.
g. Midden dit menselijke gevecht tot "leven en overleven" horen gescheidenen en relatie-ontdanen bepaalde kerkelijke uitspraken (cf. *Familiaris Consortio*), volgens dewelke zij niet tot de communie worden toegelaten indien zij nieuw-huwen, in onthouding moeten leven of beperking gegeven wordt tot enige liturgische plechtigheid[2]. Dergelijke en andere uitspraken kwetsen hen in hun religieus aanvoelen. Zij voelen zich door de RK-kerk in de steek gelaten. Al zijn kerkelijkheid en kerkbetrokkenheid algemeen sterk verminderd en maken gescheidenen daarop geen uitzondering, toch verwachten zij van die kerk en van haar leiding een andere taal en grondhouding.

Deze gegevens maken "een pastoraal van, voor en met echtgescheidenen en relatie-ontdanen" tot een gewenste en weldoende opdracht in het kerkgebeuren van nu en morgen. Zeer veel gelovige gescheidenen en

[2] JOHANNES PAULUS II, "Familiaris Consortio", *AK*, 37 (1982), 65.

nieuw-huwenden willen met liefde en eerbied over de RK-kerk spreken. Maar dit zal maar mogelijk zijn indien zij in haar een barmhartige, levensnabije kerk ervaren die hen niet afschrijft en in de kou laat staan. Zij verlangen als evenwaardige gelovigen in kerk en kerkwerk te mogen thuis zijn. Een eerlijke basispastoraal, die zich ruimer opstelt dan de gangbare sacramentenpastoraal, kan niet anders dan aan theologen en canonisten impulsen geven tot het herdenken van visies en wetten.

III. Kwetsbaarheid en Gebrokenheid met de Barmhartigheid als antwoord

De kwetsbaarheid en de gebrokenheid zijn vandaag de dag zowel naar relaties in het algemeen, en naar het huwelijk in het bijzonder niet te verwaarlozen accenten. Ze bestonden altijd al, maar de snelle technische vooruitgang van de laatste decenia, de waardenverschuivingen, de meer genuanceerde inzichten in de mens en zijn geschiedenis, de sociale en economische veranderingen en zoveel meer... hebben de kwetsbaarheid van de mens versterkt. Het maatschappelijke bestel schept altijd maar hogere verwachtingen en de druk om mee te draaien in de gangbare levensmentaliteit is groot. Daardoor verliest de mens vaak de binding met zichzelf én met de andere, en gaat relatiebekwaamheid meer en meer lijken op "dansen op een slappe koord". Wie de dans en de koord overleeft is geoefend in de relatiebekwaamheid. Iedere mislukking in relaties confronteert de mens met zijn gebrokenheid. Kwetsbaarheid en gebrokenheid vragen grote aandacht en dagen de RK-kerk uit om een gepast pastoraal antwoord te geven. Dit kan een psychologische naam dragen zoals "inleving of empathie", of een bijbelse zoals "barmhartigheid of *oikonomia*".

In de literatuur treft men een lange lijst aan van kwetsbaarmakende factoren, die zowel vanuit de sociaal-maatschappelijke hoek als vanuit het huwelijk zelf, mensen beklijven[3].

[3] Bourgy, P., (e a.), *Le remariage des divorcés. Pour une attitude nouvelle de l'église*, Parijs, Les Editions du Cerf, 1978, 124 p.; Coenen, P. en van Tillo, G., "Oorzaken van de kwetsbaarheid van het huwelijk in onze tijd en cultuur", in Heggen, F. en van Tillo, G. (ed.), *Het* kwetsbare huwelijk: een bijdrage aan het gesprek over echtscheiding vanuit de theologie, Averbode, Altiora, 1984, 9-26; De Wilde, M., *Een pastoraal voor burgerlijk herhuwden: sociologische, evangelische, h*istorisch-juridische en psychologische invloeden, dissertatie, Leuven, KUL - Faculteit Godgeleerdheid, 1988, XVIII + 207 p. + I, 1-3 + II, 1-12; Matthijs; Matthijs, K., *Echtscheiding als sociaal proces, een onderzoek in Vlaanderen,* Leuven, KUL - Sociologisch Onderzoeksinstituut, 199O, III + 151 p.; Staelens, B., *De problematiek van het echtscheidingskind, Multidimensionele verkenning en pastorale reflectie*, Leuven, KU-Leuven - Faculteit Godgeleerdheid, 1986, 107 p.

Ik wil er nog enkele factoren aan toevoegen:

a. Een afnemende psychologische draagkracht die zich uit zowel bij het aangaan van engagementen als bij het verwerken van conflicten.
b. Een stijgende onbekwaamheid tot pijnverwerking, vermoedelijk als gevolg van het individualisatie- en privatiseringsproces waaraan mens en gezin onderhevig zijn. Pijn die men niet kan delen, verstikt en probeert men te ontlopen. Dit werkt het onbekwaam-worden tot pijnverwerking in de hand.
c. De economische terugval die heel wat mensen en gezinnen in materiële en financiële problemen brengt. Psychologische spanningen, eigen aan iedere relatie, worden daardoor versterkt en kunnen een negatieve invloed hebben op de persoon en/of de relatie.
d. Een tekort aan communicatiebekwaamheid ondanks het feit dat wetenschappen als psychologie, pedagogie, andragogie e.a. vaste waarden geworden zijn. Ondanks de weekends rond "zelfkennis en communicatie" blijkt bij velen de dieperliggende communicatie nog laag te scoren. Levensbevorderende gesprekken tussen ouders en kinderen, tussen partners enz... over wat hen bezighoudt, over gevoelens en gevoeligheden zijn nog onmogelijk of verlopen moeilijk.
e. Men holt zichzelf voorbij tegen de achtergrond van het verhoogde levensritme en de overvloedige, dikwijls tegenstrijdige, berichtgeving. Het gevoel én vaak de realiteit voorgeprogrammeerd te zijn door allerhande wetmatigheden geeft mensen nauwelijks de tijd en de kans om te luisteren naar de signalen van hun eigen geest en lichaam. Stilstaan bij wat hen beweegt wordt bijna onmogelijk. Mensen voelen zich onvrij. "De impulsen vanuit het wezen worden nauwelijks nog gehoord, laat staan opgevolgd. En verder is het vrijwel onmogelijk dat een impuls jouw wezen bereikt"[4].
f. Verder is er de onvolkomenheid van de sexuele communicatie. Rond dit punt staat of valt heel wat in een huwelijk of een twee-relatie. Ze is een intuïtief opbouwwerk waarbij heel wat verbale uitklaring nodig is. Zowel sexuele als verbale communicatie hebben tot doel de ganse persoon van de partners te "bevredigen", dit betekent dat de partners elkaar tot vrede brengen. Vrede als synomiem van geluk, geborgenheid, verstandhouding, trouw, waardering, bevestiging enz... Beiden dienen goed op elkaar in te spelen en gelijklopend te groeien. Wordt echter de geslachtsdaad uit dit geheel gelicht en als norm gehanteerd,

[4] BOSWIJK- HUMMEL, R., *Revolutie binnen het huwelijk, de ontwikkeling van liefde binnen een relatie*, Haarlem, De Toorts, 1990, 76.

dan wordt de sexuele communicatie, en sowieso de relatie of het huwelijk, daartoe gebiologiseerd. Als gevolg van een dergelijke overaccentuering blijft de sexuele communicatie ondermaats. Ik heb vrouwen ontmoet die nooit reëel maar wel emotioneel en verstandelijk gescheiden leefden van hun partner, omdat de geslachtsdaad en het biologische sterk primeerden. Jaren hebben zij als frigide vrouwen gefunctioneerd in hun gezin. Hun sexuele communicatie bereikte een dieptepunt, wat eveneens het gewone gesprek tot praktisch nul reduceerde. Gescheidenen signaleren regelmatig dat zij in hun huwelijk nooit een goede sexuele communicatie bereikten, wat een ernstige weerslag had op hun leven en mede oorzaak was van de scheiding. Huizing wijst erop dat trouw en onverbreekbaarheid niet te vangen zijn in een biologische daad alleen of in een uitwendige wet[5]. Men kan dan ook niet langer de vraag ontlopen of de geslachtsdaad alleen voldoende is om te zeggen dat een huwelijk werd voltrokken.

g. Zonder te willen overdrijven, kan ook de groeiende onverschilligheid tegenover waardenbeleving niet onvermeld blijven. Wanneer "verantwoordelijken" zich schuldig maken aan fraude, smeergeld en corruptie, dan brengt dit niet alleen een gevoel van wantrouwen met zich mee; het schept tevens een houding van onverschilligheid met betrekking tot waardenbeleving.

h. Bij mondjesmaat komt aan het licht dat incest méér voorkomt dan werd gedacht. De dubbelvraag is hier belangrijk: hoe gekwetst is de relatiebekwaamheid van het slachtoffer? Hoe geschonden is het vertrouwen van de partner van de incest-pleger? Dat de relatie van de incest-pleger op de helling komt te staan, is meer dan begrijpelijk. In mijn pastoraal ontmoette ik enkele vrouwen die, vanuit een incest-ervaring, ofwel in de homofiele beleving terechtkwamen of lang een vijandig gedrag manifesteerden naar mannen. Het heeft een grondige therapeutische aanpak gevraagd om deze beleving ten goede om te buigen

i. Soms hoor je verloofden zeggen: "Het zal wel veranderen eenmaal we gehuwd zijn". Zij spiegelen zich iets voor dat onjuist is, want ieder draagt zijn/haar geschiedenis mee in de ontstane relatie. Het onverwerkt verleden zal zijn stempel drukken op de ontstane relatie en er vaak toe bijdragen dat een relatie niet uitgroeit tot wat ze kan worden. Deze aanvullingen beogen niet volledig te zijn. Ze onderlijnen de kwetsbaarheid van de mens. De gekwetste en gebroken mens zoekt

[5] Huizing, P.J.M., "De opvatting van het huwelijk in het ontwerp voor een nieuw canoniek huwelijksrecht, kritische aantekeningen", *Bijdragen*, 38 (1977), 79.

het antwoord niet in de wet maar in een luisterende mens. "Deze zal vandaag niet op de eerste plaats een priester zijn"[6]. Gelovigen vinden dat de RK-kerk te juridisch en daardoor te hard reageert. Bijgevolg kan ze geen gesprekspartner zijn, en wordt met haar normen nog weinig rekening gehouden. Anderzijds blijkt dat voor de meeste priesters echtscheiding en nieuw-huwen een weinig belangrijke plaats innemen in hun pastoraal[7]. Daarom sturen Huizing en anderen aan op een herziening van het kerkelijk recht vanuit een grondhouding waarin mildheid en barmhartigheid een plaats krijgen, die rekening houdt met het menselijk falen. Zij stellen dat binnen de kerk elk ideaal maar kan worden gerealiseerd doorheen de werkelijkheid van de menselijke zwakheid en gebrokenheid. Daarom moet "de wet van de genade" op het voorplan treden[8]. Deze wet is het teken bij uitstek van het Rijk Gods. Aan deze wet die overgave in geloof vraagt en aanvaarding van de zendingsopdracht, zijn alle andere wetten onderworpen. Deze *oikonomia* als houding en handelen vraagt een spiritualiteit die God ziet als een goede Herder, een barmhartige Huisvader, die het beste voorheeft met al zijn huisgenoten. Deze praxis en spiritualiteit vragen én aan leer én aan een kerkordening én aan de pastoraal een "wederzijds-respectvol en liefdevol-aandachtig luisteren" naar de eerlijke gewetensbeslissing van de mens, vooral van de gekwetste mens. Zuidberg omschrijft het als volgt: "De beweging die loskomt uit de barmhartigheid vloeit over in recht doen aan de gekwetste mens. Ze zal daarbij de ruimte scheppen om de menselijke waardigheid terug te vinden, want barmhartigheid heeft ruimte van vrijheid nodig. Ze is als een aanraking waarbij de beide partners elkaar als gelijkwaardig beleven". Geen mens kan worden opgeofferd aan een hoger doel, zegt Huizing, al wordt dit in kerkelijke wetten omschreven[9]. Met een blik op de orthodoxe kerk, waar de houding van barmhartigheid voorrang krijgt, roepen zij de verantwoordelijken van de RK-kerk op om deze grondhouding te laten primeren boven alle wetten en strukturen.

[6] GROOT, G. en VAN TILLO, G., "Echtscheiding als pastoraal probleem", in HEGGEN, F. en VAN TILLO, G. (ed.), *o.c.*, 27-48.

[7] PETERS, J. en VREENEGOOR, E.M., "Pastores over huwelijk, echtscheiding en hertrouwen", in HUIZING, P.J.M., Hageman, M.J.M. en Stevens, P. (ed.), *Wat God verbonden heeft*. Beschouwingen over huwelijk, echtscheiding en kerkrecht, Baarn/Nijmegen, Arbor/ Katholiek Studiecentrum, 1991, 148-204.

[8] HÄRING, B., *Uitzichtloos?, Pastoraal bij scheiding en hertrouw - Een pleidooi*, Averbode, Altiora, 1991, 92 p.; ZUIDBERG, G., *Barmhartigheid en trouw in het pastoraat, notities voor een spiritualiteit van volharding*, Baarn, Gooi en Sticht, 1992, 168 p.

[9] HUIZING, P.J.M., "Law, Conscience, and Marriage", *J*, 30 (1970), 18.

Hierin alleen verschijnt het bevrijdende en gratuïte handelen van JHWH, wat tevens de grondhouding van alle gelovigen dient te zijn. Het houdt in dat de RK-kerk zichzelf durft te bevrijden van haar eeuwenoud vooropgezette beeld van "perfecte gemeeschap" en, in de lijn van Vaticanum II, werk maakt van een "kerk (gemeenschap) als sacrament". Deze ontwaakt daar waar mensen in persoonlijke vrijheid en in geloof, hoop en liefde zich toevertrouwen aan JHWH, en vrij aanvaarden dat Zijn/Haar genade- en liefdevol handelen uitdrukking vond in het heilshandelen van Jezus, wat tot hun levensopgave wordt, individueel en als gemeenschap[10]. Dit interactief gebeuren van de mens naar God toe in Jezus en van God in Jezus naar de mensen toe noemt Huizing sacrament. Dit sacrament omvat én het ideaal én de zwakheid en vraagt de houding van de *oikonomia* of barmhartigheid als grondlijn van het Verbond.

IV. Ontwricht huwelijk, echtscheiding en relatie-breuk

Er wordt gemakkelijk gezegd "scheiden is een modeverschijnsel" en veel redenen worden aangehaald om deze uitspraak te staven. Volgende uitspraak stemt echter wel tot nadenken: "Lichtvaardige echtscheidingen zijn er niet zoveel, lichtvaardig gesloten huwelijken des te meer"[11]. De beslissing tot scheiden is bij de meesten een zeer lange weg. Uiteraard zijn er situaties, waarbij één partner de grootste verantwoordelijkheid draagt in het mislopen van de relatie. Dan nog dient met grote omzichtigheid en milde aandacht deze mens beluisterd te worden. Wat speelt er zich in de diepere lagen van de psyche of van de voorbije levensgeschiedenis niet allemaal een rol, waarbij hij/zij van binnenuit werd gedwongen tot dergelijk handelen? Het verdient daarom geen goedkeuring, maar het signaleert wel dat iedere scheiding, zoals ook ieder huwelijk of twee-relaite, een andere geschiedenis kent. Wat automatisch de vraag doet stellen "of een algemeen-geldende huwelijks- en scheidingswet wel kan, mag en haalbaar is"?

[10] Huizing, P.J.M. en Willems, B.A., "Sacramentele grondslag van kerkrecht", *TvT*, 16 (1976), 249.

[11] Coenen, P. en van Tillo, G., "Oorzaken van de kwetsbaarheid van het huwelijk in onze tijd en cultuur", in Heggen, F. en van Tillo, G. (ed.), *o.c.*, 24.

a. De onafwendbare breuk: relatie en huwelijk houden op

In EGRA waren nogal wat gescheidenen 20, 25 en zelfs meer jaren gehuwd. Herhaaldelijk werd na het levensverhaal gehoord: "Ik had na het eerste jaar al moeten weggaan", of "de moeilijkheden zijn ontstaan na de geboorte van één van de kinderen" of "telkens opnieuw heb ik geprobeerd en geduld gehad". Deze getuigenissen wijzen er op dat velen een zware strijd hebben gevoerd om hun relatie te redden. Een onderzoek wijst er op dat in bijna één op tien van de echtscheidingen de problemen ontstaan binnen de eerste drie maanden na de huwelijkssluiting. Bij één op vijf situeert zich dit na vijf jaar huwelijk[12]. Velen gaan pas jaren daarna uit elkaar, na veel pogingen tot herstel van de relatie. Al wordt de scheiding als een bevrijding ervaren, ze neemt de pijn van de breuk niet weg. De pijn om de leegte van een slechte relatie wordt nog versterkt door het verlies van de inspanningen. Dit vraagt verwerking ... maar niet als bij een rouwproces. In een rouwproces weet de ene partner dat de andere nooit meer kan verschijnen. Bij een scheiding is de andere partner er nog. De ene kan het de andere moeilijk maken. Partners lopen elkaar soms nog tegen het lijf of moeten elkaar nog terugzien[13]. Toch is de breuk onafwendbaar geworden omdat de relatie dood is en de partner zowel moreel, psychisch als civiel dood is gegaan[14]. Deze dood is enerzijds het punt van bevrijding, anderzijds het cruciale punt van de (on-)ontbindbaarheid. "Wanneer wordt aangenomen dat partners zélf in durende trouw, in liefde en verbondenheid hun huwelijk tot een sacramentele levensgemeenschap uitbouwen, dan bouwen zij die uit tot een onontbindbaar geheel"[15]. Hieruit volgt dat zij zelf hun relatie ontbinden als dit hen niet meer lukt en alles in hen gestorven is dat een sacramentele levensgemeenschap verder kan opbouwen. Deze driedubbele dood, geheel anders dan de biologische, ligt aan de oorsprong. Als trouw, verbondenheid en liefhebben ophouden te bestaan, is er ook geen sprake meer van huwelijk of twee-relatie. Kerk en samenleving kunnen enkel nog vaststellen dat de geleefde werkelijkheid er niet meer is; dat de wet van de onverbrekelijkheid, breekbaar is; dat een instituut niet op te dringen is als er geen leven meer aan beantwoordt[16].

[12] MATTHIJS, K., *o.c.*, 24.

[13] COENEN, P. en VAN TILLO, G., *o.c.*, 24.

[14] HÄRING, B., *o.c.*, 45-50.

[15] HUIZING, P.J.M., "De onverbreekbaarheid van het huwelijk", *De heraut van het H. Hart van Jezus*, 1O1 (1970), 16.

[16] HUIZING, P.J.M., "Het ontwricht huwelijk in het canoniek recht", in *Mislukt huwelijk en echtscheiding. Een multidisciplinaire verkenning onder voorzitterschap van Prof. V. Heylen*, (reeks: Sociologische verkenningen, 2), Leuven, Universitaire Pers, 1972, 197.

b. Kerkelijke houding tegenover echtscheiding en relatiebreuk

Bij de mondig geworden mens en in zijn/haar relaties gaat het vandaag veelal om het leven én om de kwaliteit en de opwaardering ervan. Deze gelovig-zoekende mens, door omstandigheden vaak randkerkelijk geworden, kan en wil een kerk niet meer volgen die het huwelijk — én sacrament én daardoor onontbindbaar — als een object blijft zien dat wettelijk te beheersen en juridisch grijpbaar is. Dit laatste maakt dat de RK-kerk negatief staat tegenover echtscheiding en nieuw-huwen. Het kan voor hem/haar niet meer "dat de theologische eis van de onontbindbaarheid tot een dramatische versmalling van het sanctioneringsapparaat voert maar niet tot het opwaarderen van het leven nà de sluiting van het huwelijkscontract[17]. Dat het leven en wat er essentieel bij hoort als object benaderd wordt maakt dat de leer en de wet haaks op het leven komen te staan. Het leven loopt anders. Omdat leer en wet te weinig luisteren naar en rekening houden met het concrete leven komen ze onrealistisch, hard en zelfs onverdraagzaam over. De wettische en moralizerende taal van de RK-kerk heeft vroeger en meer nog vandaag mensen weggeduwd[18]. Het werkt vervreemding in de hand en velen zijn aan de rand of buiten de kerk gaan staan.

De huidige evoluties echter maken de mens gewoon aan verruiming van perspectieven waardoor verenging en versmalling worden ervaren als verarming. Zo verwachten gelovigen van de RK-kerk tevens verruimde en verruimende visies waarin zij de weg van het leven zelf mogen zoeken en bewandelen". Zoals de RK-kerk ruim is in haar sociale moraal zo zou zij in de toekomst een ruime benadering en methodologie moeten hanteren in verband met de sexuele — en huwelijksmoraal"[19]. Wat toepasssing kan vinden in haar huwelijkswetgeving. Bij de voorstellen in haar sociale moraal gaat zij niet controleren of sanctioneren. Bij de sexuele moraal echter stelt zij niet enkel voor, maar controleert en sanctioneert zij eveneens. Waarom deze dubbele houding? Daarom vinden velen in de RK-kerk geen gesprekspartner omtrent het leven en de levensproblemen. Mag men van die kerk, die zich opwerpt als verdediger van leven, niet verwachten dat zij aandacht heeft voor het gebroken leven? Ze laat in haar leer en wet nog voortdurend blijken dat "de mens er moet zijn voor de wet en het huwelijk" en niet andersom "dat het

[17] TORFS, R., "Analyse van het kerkelijk rechtssysteem aangaande ontbinding en nietigheid van het huwelijk", in HUIZING, P.J.M. e. a. (ed.), *o.c.*, 97.

[18] GROOT, G. en VAN TILLO, G., "Echtscheiding als pastoraal probleem", in *o.c.*, 31 en 38.

[19] CALVES, J.-Y., "Morale sociale et morale sexuelle", *Etudes*, t. 378, 1993, 649.

huwelijk en de wet er zijn voor de mens, waarin het recht enkel dienst kan zijn"[20]. "Het heil hangt immers niet van wetten of instituties af"[21].

Gelovige gescheidenen willen niet aanvechten dat de RK-kerk, steunend op bijbelse gronden, de onontbindbaarheid als ideaal blijft voorhouden. Zelf namen ze dit ideaal als basis van hun huwelijk of tweerelatie. Zij aanvaarden de visie dat het sacramentele huwelijk een gestaltegeving is van de Verbondstrouw van JHWH en van het genadevol handelen van Jezus. Zij kunnen echter niet instappen in de visie "dat het huwelijk een afbeelding is van de liefde van Jezus voor zijn kerk" en aan een wettelijke verplichting tot onontbindbaarheid. Het doet hen pijn dat hierbij bijbelteksten worden gebruikt en misbruikt om aan te tonen dat zij ongelijk hebben in het afbreken van hun relatie en dat echtscheiding niet de weg van God of van Jezus is. Gelovigen en zeker gescheidenen verdragen niet meer dat ze monddood gemaakt worden met bijbelteksten, vertaald in geboden of verboden. Als gesteld wordt dat de oproepen van de Tien Woorden en de Bergrede een ideaal beogen, "waarom dan alleen van het echtscheidingsverbod een absolute wet maken?"[22], is de vraag van velen? De moeilijkheidsgraad van bijbelinterpretatie beseffend vinden zij dat eveneens kerkverantwoordelijken zeer omzichtig met deze teksten dienen om te springen. Men heeft soms de indruk dat men het instituut of de eigen macht in stand wil houden. Daaraan hebben zij geen boodschap, want zij wensen dat het Israël- en Jezus-woord zuiver naar hen toekomt. Méér dan wordt vermoed hechten gescheidenen daar waarde aan, pogen zij deze woorden ernstig te nemen en te plaatsen in hun geweten en levensproject. Ze zijn voor hen meer dan een hiërarchische verkondiging[23]. Gekwetst door de mislukking zijn ze nog gevoeliger voor andere Jezus-woorden. Het woord "geroepen zijn tot vrede" pogen zij te vinden en waar te maken. De nieuwe relatie die zij ànders, dit is grondiger en intenser voorbereiden, starten zij onder het gesternte "onontbindbaar". Zij voelen dat dit niet in strijd is met dat Jezus-woord. In EGRA wordt het volgende wel eens gehoord: door de wisselvalligheden van het leven kon ik een eerste onontbindbare relatie niet waarmaken, wat niet wil zeggen dat dit in een andere niet kan. Hier valt de vraag: "Kan het huwelijk alleen nog maar bestaan in een verbod

[20] HUIZING, P.J.M., "Het ontwrichte huwelijk in het canoniek recht", *o.c.*, 197.

[21] GROOT, G. en VAN TILLO, G., *o.c.*, 42.

[22] BOURGY, L., e.a., *o.c.*, 29; VAN TILBORG, S., "Exegetische notities bij de belangrijkste huwelijksteksten uit het Nieuw Testament", in HUIZING, P.J.M. (ed.), *Alternatief Huwelijksrecht*, Bilthoven, Ambo, 22.

[23] HUIZING, P.J.M., "Sacramentele grondslag van kerkrecht", *o.c.*, 250.

om een nieuw huwelijk aan te gaan?"[24] Als gescheidenen in de RK-kerk geen gehoor vinden voor hun gebrokenheid, dan gaan zij vanuit hun geweten aan de leer van de kerk voorbij, en zoeken ze rechtstreeks heil in het Woord van de Heer. Voor velen is dit barmhartige en milde Woord een hoopvolle uitweg en gesprekspartner. Zij ervaren Zijn handelen niét op de wet gericht maar op het geluk van mensen als toerusting van het bevrijdend Heilshandelen van JHWH. Mensen mochten bij Hem opnieuw rechtop komen, bij hun eigenste zelf weerkeren en zo het leven opnieuw in geloof en in vrede aannemen. Willen kerkleiders en juristen humaan-christelijk met echtscheiding omgaan, dan zal dit van hen een grote geloofscreativiteit vragen. Ze dienen het levens- en liefdesproject van Jezus profetisch te hertalen naar de huidige evoluties van het huwelijk, de twee-relatie, de relatiebreuk en het nieuw-huwen. In 1969 was het Ratzinger zelf nog die verklaarde: "De woorden van Jezus over het onverbrekelijk huwelijk mogen niet verstaan worden in de zin van een juridische wet, maar als een onvoorwaardelijk oriëntatiepunt voor ieder christelijk huwelijk, niet los te maken van de navolging van Jezus"[25]. Is het waar dat er in die jaren méér zaken in de kerk bespreekbaar waren dan nu het geval is? Kan een kerk — louter vanuit een wet — blijven verklaren dat een huwelijk, gesteld en voltrokken, onverbreekbaar is als het ideaal — de geleefde werkelijkheid — al lang niet meer leeft? Zijn dit geen wetten op een dode relatie?

De hoofdvraag is: "Gaat het om een huwelijk, kerkelijk of werkelijk?" Kan de RK-kerk juridisch blijven vasthouden aan dat eerste moment van de vrije wilsbeslissing als kern van het onontbindbare huwelijk. Het komt voor gescheidenen vreemd over als bijvorbeeld bij een nietigverklaring, na 27 jaar huwelijk, het beginsel wordt gehanteerd "er was toen geen huwelijk, dus is er nooit een geweest". Dit biedt vermoedelijk een goede uitweg naar kerkelijke nietigverklaring. Maar bij gescheidenen komt dit zeer pijnlijk over namelijk als een miskenning van wat er al die jaren wél is geweest, te weten een slechtlopende en gebroken relatie. Daarin willen zij worden erkend. Hoe anders zij het ook gewild hadden, dit gebroken leven is er geweest en heeft ook positieve momenten gekend. Zij kunnen en willen daar zomaar niet aan voorbijgaan. Een uitspraak "alsof het er niet geweest is" vinden zij kronkelwerk. Waar de mogelijkheid van het elkaar aanvaarden, het voor

[24] HUIZING, P.J.M., "Kerkrecht en ontwricht huwelijk", *Conc*, 9 (1973), 15.

[25] STEVENS, G., "De mogelijkheden van tweede huwelijk voor gedoopten binnen het huidig canoniek recht", in HEGGEN, F. en VAN TILLO, G., *o.c.*, 77.

elkaar instaan en zich verantwoordelijk weten, het delen van elkaars leven, het aanvaarden en vergeven van elkaars tekortkomingen niet meer bestaat, verliezen huwelijksrechten en -plichten hun bestaansgrond en wordt het "objectief voortbestaan van het huwelijk een zinloze abstractie"[26].

Dan rijst de vraag naar erkenning én van het geleden leven én van de gebroken relatie én van het verlangen om het gestelde ideaal van een onverbreekbare relatie in een andere te kunnen waarmaken. Een vraag dus naar het sacrament van de *oikonomia* of de barmhartigheid.

c. Echtscheidingspastoraat, een weg van de diakonie en niet van de leer of de wet

Pastoraat van, voor en met gescheidenen en relatie-ontdanen is een jong domein binnen het algemeen kerkelijke pastoraat. Het bevindt zich in een randkerkelijk gebied. Wil het deze mensen ernstig nemen en zich niet laten herleiden tot een domein van catechese of verkondiging, dan hoeft het dikwijls tegendraads te zijn. Zelfs binnen het bestaande kader van kerkvervreemding staan gescheidenen en relatie-ontdanen open voor christelijk-spirituele motivatie en de bijbels-evangelische bewogenheid van een dergelijk pastoraal initiatief. Zij blijven wars van zoethoudertjes, inlijvingsmanoeuvres of bevoogding, wat in kerkwerk nogal eens voorkomt. De pastor — wie die ook is: getrainde consulent(e), pastoraal werker(ster), maatschappelijk werker(ster), diaken of priester — dient met hen een vertrouwensrelatie op te bouwen door in hun leven en pijn te gaan staan. Van hieruit dient dit pastoraat met bezieling te worden opgebouwd, zodat zij er hun vraag om aandacht in kwijt kunnen en er in de gedachtenwisseling bagage vinden om het leven verder aan te kunnen.

Pastoraat zou ik nu als volgt willen omschrijven. In de eerste plaats gaat het niet om verkondiging van de leer maar om het luisteren. Luisteren naar hen, die moegetergd zijn door de levensomstandigheden of door anderen vleugellam werden gemaakt en heel wat levenszin verloren zijn. Vanuit dit luisteren wordt er gesproken over angsten en vreugden, verwachtingen en ontgoochelingen, en ook over de bronnen van waaruit mensen leven en de doeleinden die zij zich stellen. Zuidberg noemt dit: "Het is de kunst om je innerlijk zo in te stellen op datgene wat op je weg komt, dat je je laat aanspreken en gezeggen. Het is de oorspronkelijke

[26] HUIZING, P.J.M., "Vragen bij het herzien kanoniek huwelijksrecht", *Kultuurleven*, 46 (1979), 72-73.

betekenis van gehoorzaamheid namelijk gehoor geven aan de stem die tot mij spreekt"[27].

"Met pastorale bezieling" betekent niet dat dit "staan tussen de mensen" op de eerste plaats een kerkelijke aanblik dient te hebben. Waar het op aankomt is de spirit (inspiratie). Hier duikt een netelige vraag op: moet deze inspiratie humaan of bijbels-christelijk zijn? Met deze vraag heb ik het zelf niet moeilijk maar ik botste er nogal eens mee in kerkmiddens. Daar is het antwoord éénduidig: de inspiratie moét christelijk zijn. Dit maakt het voor veel kerkmensen nogal moeilijk om in pluralistisch verband samen te werken. Voor mij zijn humaan en bijbels-christelijk complementair. In de bijbel, het Israël- en Jezus-woord, gaat het om de mens en om JHWH, om de verbondstrouw en -liefde van de mens in JHWH en van JHWH in de mens. Kan het dan een probleem zijn of die inspiratie nu humaan of bijbels-christelijk is? Een pastor kan evengoed werk verrichten omwille van de mens als mens, als omwille van de mens in het licht van JHWH.

Een laatste accent van pastoraat is "de opbouw van een gemeente of gemeenschap", naast individuele gesprekken en begeleiding. In het verleden werd het belang van dragende gemeenschappen wel eens over het hoofd gezien. Het samenbrengen van mensen wordt te zeer beperkt tot de kernmomenten van het leven, waarvoor enkel liturgisch vieringen zijn voorzien.

Pastoraat van, voor en met gescheidenen en relatie-ontdanen dient gestalte te geven aan een kerk als plek van diakonie (dienstbaarheid), waarin het leven van mensen een bedding vindt van zingeving, van genadevolle nabijheid en van helende bevrijding. Pas dan kan er vrij worden gevierd in sacramenten en liturgie en zal dit vieren aansluiten bij het leven.

Pastoraat dient een permanent gebeuren te zijn dat ruimte biedt voor een goede levensheroriëntering waarin geluk te ervaren valt en vrede wordt gevonden in zichzelf en met de omgeving. Het dient een plek te zijn waar zij zich bekwamen in het leggen van goede nieuwe relaties in de ruimste zin van het woord; een plek omwille van de mens zelf en/of omwille van de mens-nabije God en het verlossende levensproject van Jezus dat een BLIJDE BOODSCHAP inhoudt.

Enerzijds komt de diakonie weinig aan bod in de geschiedenis van de RK-kerk en anderzijds is echtscheidingspastoraat ten gevolge van bepaalde leerstellingen en wetgeving niet alleen jong, maar wordt het

[27] ZUIDBERG, G., *Zachtmoedigheid en integriteit in het pastoraat, notities voor een spiritualiteit van de weerbaarheid*, Hilversum, Gooi & Sticht, 1990, 69.

tevens stiefmoederlijk behandeld. Heel wat kerkvolk, aan de top en aan de basis, dient zich nog te bekeren van een wettische, moraliserende sacramentenkerk naar een kerk en het sacrament van de *oikonomia* en de diakonie. Wie met echtscheidingspastoraat bezig is botst vrij regelmatig op praktijken, die verraden hoeveel kerkmensen gescheidenen negatief aankijken of beoordelen.

Wanneer van echtscheidingspastoraat ten volle werk wordt gemaakt, zal deze confrontatie met zich meebrengen dat theologie en wet het antropologisch geleefde huwelijk (dit is het sacramentele huwelijk en niet het huwelijk als sacrament), dat nooit door een wet kan worden gemaakt of onbestaand verklaard, ernstig nemen.

V. Uitrijping en nieuw huwelijk in gelovig perspectief

Neemt men aan dat het sacramentele huwelijk samenvalt met de antropologisch geleefde relatie, dan aanvaardt men ook dat het de partners zijn die gaandeweg deze relatie tot wederzijds sacrament maken. Een startmoment van het samengaan kan eventueel liturgisch worden gevierd. Maar van juridisch omlijnd huwelijksbegin kan geen sprake zijn. Het sluit eveneens in dat zij het zijn die, wanneer hun relatie tot het onmogelijke is teruggebracht en er van heil- en genadesacrament al lang geen sprake meer is, hun relatie kunnen doen ophouden.

Al is deze visie nog maar in haar beginfase en niet algemeen aanvaard binnen de RK-kerk, toch leven en handelen gehuwden (kerkelijk en/of burgerlijk) en samenwonenden naar deze visie. Wanneer hun relatie op de klippen loopt, gaan zij haar vroeg of laat afbreken. Door het overblijven van de kernfunctie van de relatie komt vandaag het hoofdaccent te liggen op de persoonlijke relationele mogelijkheden van de beide partners en hun relatiebekwaamheid. Dit zijn dynamische gegevens, waardoor communicatie, fantasie, creativiteit, zelfkennis en wederzijds zicht op de partner de grote troeven worden waardoor het "spel goed kan gespeeld worden in het nabijkomen van de ander en het geven van ruimte tot persoonlijke en gezamenlijke groei"[28]. De innerlijke eisen om te groeien tot een doorleefde antropologische relatie, en dus tot een sacramenteel huwelijk, liggen veel hoger. Het pastoraat van, met en voor echtgescheidenen en relatie-ontdanen ervaart — beter nog dan de kerkelijke

[28] Coenen, P. en van Tillo, G., "Oorzaken van de kwetsbaarheid van het huwelijk in onze tijd en cultuur", in Heggen, F. en Van Tillo, G., *o.c.*, 20.

rechtbanken — dat velen niet of nauwelijks in staat zijn tot deze inhoud van relatie en dus ook niet tot de sacramentaliteit ervan. Regelmatige gesprekken, uitdiepende bevraging, doorlichten van blokkeringen en wegwerken van de schuldvraag hebben een verdere draagwijdte dan een schriftelijke aanvraag en een éénmalig gesprek tot nietigverklaring. Ze leggen de landkaart open van heel wat mechanismen van waaruit mensen ten goede of ten kwade tegenover zichzelf en/of de partner handelen. Dat een onverbreekbare relatie tussen deze twee partners niet kan, betekent niet dat het ideaal van een sacramenteel huwelijk en/of een sacramentele twee-relatie met een andere partner wél tot be-vrede-gend leven gebracht kan worden.

a. Pastoraat ja, liturgie neen!

Veel gescheidenen of relatie-ontdanen gaan een nieuw-ontstane relatie niet uit de weg. Echtscheidingspastoraat dient zich daar goed van bewust te zijn. Het dient zich zo uit te bouwen dat zij die in het groepsgebeuren instappen er "uitgerijpt" uit weerkeren, met innerlijke uitklaring en in vreugde. Dit geeft een nieuwe dimensie aan het pastoraat. Naast kapstokken aanreiken om pijn en gebrokenheid te verwerken en te zoeken naar hernieuwde levenszin, is er het mee op stap gaan in de nieuwe relatie. Niet enkel uit behoefte, maar dit heeft verschillende diepe innerlijke redenen. Ik wil er enkele van noemen:

* *De ervaring gehuwd geweest te zijn.*

Ondanks de opgelopen mislukking ervaarden gescheidenen ook goede ogenblikken in hun relatie. Het inzicht dat deze positieve elementen nooit tot volle bloei zijn kunnen komen, scherpt hun verlangen ze te realiseren in een nieuwe relatie.

* *Het aanschijn van de mislukking zelf.*

Elke persoon wenst te lukken in zijn/haar opzet tot innerlijke deugd maar tevens in het besef dat slagen anderen ten goede komt. De mislukking van de relatie tast de gescheidene in dit opzet aan waardoor hij/zij een uitweg zoekt in een nieuwe relatie. Dit gebeurt niet zonder angst. Men wil een nieuwe mislukking en de negatie dat men het leven en een relatie niet zou aankunnen voorkomen.

* *Een nieuw verlangen naar delen.*

Ik las onlangs: "Om een gevoel van competentie en zelfwaardering te herstellen, moet een gescheiden man of vrouw de moed vinden nieuwe relaties, rollen en oplossingen voor oude problemen, zowel op de werkplek als in de seksuele arena uit te proberen"[29]. Deze herstelperiode kan een tijd uitblijven omwille van het getroffen vertrouwen en zelfvertrouwen. Eenmaal tot zichzelf teruggebracht, zal de gescheidene het diepmenselijke verlangen tot"delen" weer te voorschijn halen. Dit delen van de dagdagelijkse vreugden en pijn, werk en zorgen, verlangens en gevoelens doet haar/hem zich wenden tot een nieuwe partner.

* *"Iemand" mogen zijn.*

Partnerverlies brengt een identiteitscrisis met zich mee De gescheidene en relatie-ontdane komt in een leegte terecht met het doordringende gevoel "niemand" meer te zijn. Mensen hebben relaties nodig om te ontdekken wie ze zijn en om zichzelf te kunnen plaatsen binnen de samenleving. Dit hoeven geen exclusieve huwelijks- of twee-relaties te zijn, maar levendelende relaties zijn en blijven noodzakelijk voor ieder mens. Toch zal de gescheidene eerder zijn/haar leven richten naar een nieuwe exclusieve relatie eerder dan naar een netwerk van relaties. Daarin kan hij/zij opnieuw de vermogens van geborgenheid, liefhebben, begrip en tederheid kwijt, zonder een ruimer netwerk van relaties uit te sluiten.
Een gescheiden vrouw schreef mij onlangs het volgende: "De scheiding is voor mij een ware gave en bevrijding ondanks de pogingen om aan ons huwelijk gestalte te geven en er iets van te maken. Het was pijnlijk om de partner los te laten en te worden achtergelaten. Hoe ik ook hunkerde naar een goede relatie, altijd ervaarde ik dat die er niet was en voelde me voortdurend gebruikt en misbruikt. Mijn partner was zo veeleisend dat ik mezelf niet kon zijn en geen kans kreeg om als mens te ontplooien volgens eigen dromen, verlangens en behoeften. Ik ontving nooit enige waardering zodat ik mij NIEMAND voelde. Na de scheiding en de periode van verwerking, waarin het mij lukte om mij niet af te zonderen of te stikken in mijn verdriet, heb ik mijn eigen weg gezocht, geïnspireerd door mijn diepste verlangens en dromen, die tijdens mijn huwelijk geen gestalte mochten krijgen. Ik kon mijn leven een nieuwe wending geven door mij op verschilende wijzen in te zetten. Ik kreeg het gevoel dat 't leven pas begon. Ik kreeg kansen tot openbloeien en ontplooien. Het bracht mij vrede, maar vooral het zeer waardevol gevoel IEMAND te mogen zijn".

[29] WALLERSTEIN, J.S. en BLAKESLEE, S., *Nieuwe kansen, mannen, vrouwen en kinderen tien jaar na de scheiding*, Amsterdam, Het Spektrum, 1989, 325.

In al deze redenen dienen relatie-ontdanen ernstig te worden genomen. Regelmatig komen gelovige gescheidenen met de vraag: "Of er ter gelegenheid van hun burgerlijk huwelijk eveneens een liturgisch viering kan plaatsvinden". De kerkelijke overheid heeft enerzijds haar fiat gegeven aan de echtscheidingspastoraal maar zit anderzijds gewrongen met haar eigen contractsdenken omtrent het huwelijk en de juridische omkadering van de onontbindbaarheid. Daarom vaardigt zij zeer angstvallig richtlijnen uit[30].

Moet nogmaals de theologie van het kruis en het offer zegevieren, en de goede boodschap van een vreugdevolle aankondiging verbleken? Wanneer de pastoraal uitdeint naar de liturgie, wordt alles aan banden gelegd onder de gulden regel geen ergernis te geven of verwarring te brengen. Zal juist deze sfeer van geheimzinningheid het transparante van het geheel niet tegenhouden? Zou juist een publieke erkenning van de gebroken relatie niet meer doorzichtigheid geven aan de geloofsgemeenschap zowel omtrent het eerste als het tweede huwelijk? Pastoraal ja, liturgie neen!

b. Creatieve gehoorzaamheid, weg naar de ethiek van het haalbare

De richtlijnen in verband met een liturgische viering bij een burgerlijk nieuw-huwen van gelovig gescheidenen kunnen alleen maar aanzetten tot creatieve gehoorzaamheid aan de bevrijdende levenshouding van Christus en aan een appél uit het geweten van twee mensen. Vanuit de gebrokenheid willen zij een nieuwe weg van heil zoeken en dit plaatsen in hun Godsrelatie.

Deze gehoorzaamheid kan alleen creatief zijn als de liturgie wordt gelegd in de handen van de nieuw-huwenden, de geloofsgemeenschap en de voorganger die daar aanwezig zijn. De taal dient duidelijk aan te tonen dat het om een nieuw woord en een nieuwe gezindheid van trouw en liefde gaat, burgerlijk voltrokken én omkaderd in dit gelovig-liturgische moment. Het vernieuwd woord van trouw van deze nieuw-huwenden (al is het kerkrechtelijk geen huwelijk) mag er klinken. Zij willen in dit woord én hun leven duidelijk stellen dat zij aan het ideaal van de onverbreekbaarheid — ondanks en dank zij het voorbije — gestalte willen geven. In de woorddienst mogen zij iets van de mislukking maar vooral van hun verlangen naar herstel in liefde en trouw verwoorden. Hun voorbije verhaal heeft scherper nog geleerd wat "vergiffenis, trouw,

[30] COSIJNS, H., "Tot vrede heeft God u geroepen, Echtscheiding pastoraal bekeken", Mechelen, Kerk en Wereld, 38-39; *De pastoraal in moeilijke huwelijksomstandigheden*, Bisdom Hasselt, PIC, 1992, 13-14.

mildheid, verzoening, geduld ..." betekenen. Eventuele ouders en kinderen brengen in hoe zij de nieuwe relatie ervaren en wat zij ervan mogen verwachten. Er wordt gebeden en gezongen en een passend Woord van JHWH wordt voorgelezen. In gans het bijbelverhaal komt de Verbondstrouw van JWHW trouwens het sterkst aan het licht in de genadevolle herstelmomenten. Zelf heb ik mogen meemaken dat de ouders van een meisje, van wie de jongen gescheiden was, zich tot op het laatste moment verzetten tegen de relatie en tegen de liturgische viering. Voor hen kon het niet dat hun dochter in handen gevallen was van een gescheidene. Ik had met deze ouders enkele goede gesprekken, maar toch bleef het verzet. Ze hadden echter de moed, waarschijnlijk om het verdriet bij hun dochter toch wat te milderen, om in de viering aanwezig te zijn. Als voorganger sprak ik eerlijke taal en de liturgie was levensbetrokken voorbereid. De vredeswens werd het mooiste verzoeningsmoment dat ik ooit mocht meemaken. Wat er op dat ogenblik aan genade en heil losbrak tussen bovengenoemde ouders, hun dochter en haar partner was enkel te aanschouwen, niet te beschrijven. Het was de ervaring van een goddelijk moment. Het gesprek achteraf met deze ouders was één uitdrukking van geluk, een bekennen van hun kortzichtigheid en een vreugde om het verzoeningsgebaar dat daar plaats had.

De aanwezige gemeenschap wordt uitgenodigd om deze vernieuwde belofte te bevestigen. Zij zijn tenslotte de eerste medestanders van dit paar in de realisatie van hun trouw en durende liefde. Waarom zou hier de dankbaarheid en de grond van ons gelovig bestaan namelijk het breken en delen tot leven, verwoord in een eucharistische dankgebed, worden weggelaten? Deze nieuwe relatie wil immers een uiting zijn van een nieuw delend leven. Waarom zouden de Levensgaven van Brood en Wijn hier niet hun religieuze betekenis en symbolische waarde mogen uitstralen?

Het druist tegen alle begrip voor mensenwerk in dat dergelijk liturgisch moment niet plaats mag hebben op de dag zelf van het burgerlijk huwen en dat slechts een beperkt aantal mensen deze viering mag meemaken. Hieruit blijkt weinig begrip voor de moeilijke weg die gescheidenen achter de rug hebben. Begrip kan de bijklank hebben van toegeeflijkheid, maar het betekent eerder in de volle kracht van het woord gehoorzamen: gehoor geven aan de Verbondstrouw van JWHW. Deze creatieve gehoorzaamheid doet mij aan nieuw-huwenden zeggen: "dat als zij zich in geweten voor God met elkaar gehuwd weten, geen enkel menselijk oordeel dit kan verhinderen". Waar vernieuwde liefde en verbondenheid tussen mensen ontstaat, zullen deze op hun beurt afstraling zijn van een liefdevolle God.

c. Geen theologie van het kruis maar van de genade

Het grondrecht van alle leer en ordening is de persoonlijke verhouding van de mens met JHWH en met de Jezus van het evangelie. Aldus kunnen gehoorzaamheid en volgzaamheid aan een hiërarchie niet het laatste criterium van leer en recht zijn. Ze zijn een gebeuren in functie van de eigen verantwoordelijkheid, bepaald en beperkt door het inzicht en de mogelijkheden die mensen in zich dragen, tegenover JHWH en Christus[31]. Gezien een wet meestal een ideaal verhardt dient een kerk alvast alert te zijn om hierin deblokerend te werk te gaan. Goede wetten laten immers ruimte voor idealen. Kerkwetten dienen, gezien de grond van haar bestaan, zo opgesteld te zijn dat het ideaal er kan in opglanzen[32]. Een wet kan een ideaal niet plaatsen buiten de geschiedenis van mensen. Het lijkt er echter op dat de RK-kerk, in leer en wetgeving, er de voorkeur aan geeft de theologie van het lijden, het te-dragen-kruis en het offer te blijven preken. Hierin verbleekt dan het ideaal en wordt de wet de hoogste norm. Heel wat gelovigen, waaronder gescheidenen en relatie-ontdanen, zoeken wegen naast de wet, die het ideaal verhardt, om heil en vrede waar te maken en te beleven.

De evangelische grond van de verbondenheid van de mens met de Heer en met de genadevolle barmhartige JHWH mogen echter nooit in het gedrang komen door een kerkelijke leer of wet. Deze zijn er om het geloof en de mens te dienen, zeker de mens in zijn/haar zwakte en machteloosheid. Dit vereist een dialogale luisterbereidheid, waarin een theologie, een moraal en een kerkordening kunnen groeien waarin de wet van de genade primeert[33].

Wil de RK-kerk opnieuw aanspreekbaar zijn voor mensen, dan dient zij een kerk van nabijheid-in-trouw te worden, zoals levenspartners in trouw en liefde elkaar nabij kunnen zijn. Zij dient zelf de wet van de genade als gave en opgave te doorleven, een zendings-opdracht vanuit het zich toevertrouwen aan het heilzame verlossende levensproject van Jezus. Hij was op zijn beurt gestalte van een genadevolle God. Dan zouden velen de RK-kerk ervaren als een sacramentele gemeenschap van Gods verbond van trouw aan de mens, een kerk met toekomst, die uitgroeit tot "sacrament van een nabije, trouwe en genadevolle God".

[31] HUIZING, P.J.M., *De sacramenten in de systematiek van het kerkelijk wetboek*, lezing van Huizing voor Canonica, Leuven, 1981.

[32] BOURGY, P., e.a., *o.c.*, 104.

[33] HÄRING, B., *o.c.*, 29-34.

VI. Slotbeschouwing

Soms laat ik de bedenking vallen: "Het was niet alleen Jezus die wonderen kon doen. We moeten Hem niet overroepen. Ook wij zijn daartoe in staat". Met het neerschrijven van de laatste gedachten komen zoveel levende taferelen voor ogen waarin ik wonderen heb zien gebeuren, daar waar mensen elkaar in trouw en genadevol nabij-komen en -zijn. Dit vraagt geen grote structuren, eeuwigheidswetten of ambtswijdingen. Het vraagt alleen een dejuridiseren en desacraliseren van overgesacraliseerde handelingen (sacramenten) om andere menselijke handelingen te verheffen tot genade-sacrament. Dit vraagt een diep geloof in onze grondinspiratie, het Israël- en Jezus-woord, en vaak een creatieve gehoorzaamheid tegenover leer en wetten.

Ik heb gepoogd om mensen, die mij van priester tot pastor gemaakt hebben, te laten spreken en hun vragen te laten doorklinken. Deze bijdrage is geschreven vanuit een beperkte ervaring, bewust dat nog veel vragen niet werden aangeraakt. Ik schreef het alvast met een grote liefde voor mensen die zoeken kerkwerk te herdenken, totdat er ruimte mag zijn voor ieder in deze RK-kerk, die be-Geest-erd het mysterie van Leven en leven kan hertalen naar onze samenleving, en aanspreekbaarheid en toekomst openhoudt voor de kinderen van morgen.

HET HUWELIJK VANDAAG: EEN DEMOGRAFISCHE EN SOCIOLOGISCHE ANALYSE

Th. JACOBS

1. Een historisch-demografisch uitgangspunt

In de loop van de vier laatste decennia vertoont het verloop van het jaarlijks aantal huwelijken een grillig patroon. Sommige jaren werden er meer, andere jaren minder huwelijken geregistreerd. De trend gaat in dalende lijn: in 1950 werden er in België 72.023 huwelijken geregistreerd, in 1992: 58.156.

Daarmee is niet gezegd dat de bereidheid om in het huwelijk te treden is gedaald. Om hierover uitspraken te doen zijn er statistieken nodig, die de jaarlijkse huwelijken relateren aan de bevolking. Deze ratio's geven een veel duidelijker patroon: ze dalen inderdaad gestadig. In 1950 noteerde men 8,32 huwelijken op 1000 inwoners; in 1991, 6,06 huwelijken.

Maar de beste berekening vertrekt van opeenvolgende geboortecohorten: dan gaat het erover hoeveel personen, geboren in eenzelfde jaar, gehuwd zijn op een bepaalde leeftijd. Uitspraken over de evolutie in huwelijksbereidheid baseren we op de vergelijking van het aantal gehuwden op eenzelfde leeftijd (bv. 30 jaar) tussen verschillende generaties.

Van de vrouwen die geboren werden in 1940, was ongeveer één op drie gehuwd op de leeftijd van 20 jaar. Slechts één op acht vrouwen, geboren in 1968 was gehuwd op 20 jaar. Op de leeftijd van 30 jaar, is de overgrote meerderheid van de vrouwen, geboren in 1945, gehuwd (geweest): ruim 90%. Voor elke cohorte die daarop volgt, nemen we een geringer aantal gehuwden waar op de leeftijd van 30 jaar. De cohorte van 1955 heeft ongeveer 85% ooit gehuwden[1].

[1] DEMEESTER-DE MEYER, W., Vlaams Minister van Financiën en Begroting, Gezondheidsinstellingen, Welzijn en Gezin, *Beleidsbrief Gezinsbeleid*, 1993, figuur 4.

Het blijkt dus dat het uiteindelijk percentage ooit gehuwden afneemt naarmate de cohorte later aantreedt. **In het geheel huwen er minder personen nu dan in de vorige generaties.**

De interpretatie van dit gegeven hangt af van de periode die in ogenschouw wordt genomen. Wanneer we vertrekken van de naoorlogse cohorten, constateren we een gestage teruggang van de huwelijksbereidheid en, finaal, een hoger wordend percentage ongehuwden. Dergelijke hoge percentages aan ongehuwden kenmerkten ook de gezinssituatie van voor en net na de eeuwwisseling. In verschillende families bleven een stel ongehuwde broers en zussen een gezamenlijk huishouden voeren.

Het vergelijkingspunt is belangrijk: we komen uit een periode die a-typisch is, dit wil zeggen met een uitzonderlijk hoog 'huwelijksgehalte'. Zo kan het onderscheid worden gemaakt tussen een 'traditioneel of voor-modern' huwelijkspatroon, een 'modern' en een 'postmodern' huwelijkspatroon.

Wat is typisch voor het postmoderne patroon en waarom is het patroon van de 'moderne' generaties niet duurzaam gebleken?

2. Desinstitutionalisering

2.1. Desinstitutionalisering van het gezin

Omschrijving

Het antwoord dat demografen en sociologen op de eerste vraag geven luidt: het gezinsleven krijgt in de moderne samenleving steeds meer gestalte buiten een institutioneel kader[2].

Historisch gezien zette de verandering zich het eerst in met de aangroei van het aantal echtscheidingen: de onontbindbaarheid van het

[2] ROUSSEL, L., *La famille incertaine*, Parijs, Odile Jacob, 1989, 283 p.; LESTHAEGHE, R. en MOORS, C., "De gezinsrelaties: de ontwikkeling en stabilisatie van patronen", in KERKHOFS, J. e.a., *De versnelde ommekeer*, Tielt, Lannoo, 1992, hoofdstuk 3; GERNSHEIM, E. en BECK, V., *Das ganz normale Chaos der Liebe*, Frankfurt am Main, Suhrkamp, 1990, ; JACOBS, TH., "Verschuivingen in het gezinsleven", *Welzijnsgids*, Noden I.A.2.5., 19 (1984), Jac 1-11; JACOBS, TH., "Paarrelatie en gezin: facetten van een groeiende huwelijkscultuur", *Gids op maatschappelijk gebied*, 80 (1989), 845-864.

huwelijk werd door een toenemend aantal personen niet meer aanvaardbaar geacht. Later volgde de maatschappelijke aanvaarding van de 'voorhuwelijkse betrekkingen' en nog later de opkomst van het samenwonen. Recent groeit tenslotte het aantal kinderen dat geboren wordt in een samenwoningsrelatie.

Al deze fenomenen duiden erop dat elke nieuw aankomende cohorte het instituut 'huwelijk' meer als verouderd aanvoelt: eerst valt de centrale stelling van de onontbindbaarheid, later volgt een uitholling door de ontkoppeling tussen huwelijk en sexualiteit en ten slotte worden relaties aangegaan en gezinnen gesticht buiten de context van het huwelijksinstituut.

Verklaring

Deze evolutie is te verstaan vanuit de uitkristallisering van de individuele autonomie en van de persoonsontwikkeling in de cultuur (individualisering), ondersteund door de functionele differentiatie in de samenleving.

Na de Tweede Wereldoorlog verspreidde zich een waardensysteem, waarin de autonomie van het individu over het persoonlijke leven een centrale plaats inneemt[3].

Er zijn twee aspecten verbonden aan de individuele autonomie. Het eerste heeft te maken met de bron van de normering: zegging over de gang van zaken in het persoonlijke leven door een externe instantie (kerk, staat, familie) wordt afgewezen. Men wil zelf uitmaken wat het beste is. Het tweede aspect is, dat het afwijzen van de externe controle niet leidt tot normloosheid, maar wel tot een regulering van het persoonlijke leven vanuit het belang van de persoonsontwikkeling (individualisme).

Er ontstaat een situatie waarin het recht van elk individu op een volwaardig en gelukkig leven wordt geformuleerd en waarin gestreefd wordt naar een aanpassing van de maatschappelijke structuren aan deze waarde. De individuele reflex houdt in dat het geoorloofd wordt om vragen te stellen naar de opbrengst, de meerwaarde van het huwelijk en van het leven in gezinsverband voor de ontwikkeling van het eigen geluk.

Dit gedachtengoed staat haaks op de traditionele opvatting inzake huwelijk en gezin. In het traditionele model worden de echtgenoten

[3] LESTHAEGHE, R. en MOORS, C., *o.c.*, 1993, 27.

ondergeschikt aan het instituut: het huwelijk bindt de partners voor altijd aan elkaar. Bovendien worden de gezinsrelaties geregeld volgens een hiërarchisch model: het laatste woord komt toe aan de man en vader; vrouw en kinderen zijn ondergeschikt. Noch de verplichte duurzaamheid, noch de hiërarchische relaties kunnen in eenklank worden gebracht met de idee van 'kwaliteit van het partnerschap', die de boventoon voert in de individualistische opstelling.

De desinstitutionalisering kon in de tweede plaats wortel schieten, omdat de noodzakelijke structurele voorwaarde was vervuld: de scheiding tussen de publieke en de private sfeer.

Het ongehuwd samenleven, het uit de echt scheiden en het samenstellen van een nieuw huishouden zijn beslissingen uit de persoonlijke sfeer die geleidelijk aan minder gevolgen hebben voor het functioneren in de publieke sfeer. Het sanctie-apparaat op 'afwijkend gedrag' in het persoonlijke leven, functioneert niet meer.

Men vindt het bv. steeds minder geoorloofd dat in sollicitatiegesprekken gepeild wordt naar het persoonlijk leven; ontwikkelingen daarin mogen niet ingeroepen worden om iemand te ontslaan of in zijn/haar job te discrediteren.

Dat de toename van het aantal echtscheidingen of van het aantal cohabitaties een indicator zou zijn van de desorganisatie van de samenleving vindt men nog terug in sociologische geschriften uit de jaren vijftig en zestig, maar deze idee komt in de laatste decennia nog nauwelijks te pas.

Van deze culturele en structurele ontwikkelingen zeggen sociologen dat ze onomkeerbaar zijn: de fundamenten van de scheiding tussen de publieke sfeer en de private sfeer én de ontwikkeling van de individuele autonomie zijn reeds gelegd in de 16° eeuw. De desinstitutionalisering ligt in het verlengde van de processen die zich eerder in andere maatschappelijke systemen, vooral in de politiek, in de economie en in de wetenschap hebben voorgedaan.

Het instituut kwam tijdens de 'moderne' periode nog niet in het gedrang omdat het persoonlijke leven overwegend draaide om de opvoeding van het kind. Pas wanneer het gezinssysteem genoeg specificiteit had verworven, kon de aandacht verschuiven naar de relaties tussen de partners zelf.

Door de toevoeging van het ingrediënt 'persoonsontwikkeling' ontstaat een nieuw evaluatie-perspectief: de kwaliteit van de gezinsrelaties wordt van primordiaal belang. Maar kwaliteitsevaluatie houdt niet enkel bijsturing in; de ontbinding van de relatie hoort erbij. Deze ontwikkeling naar een principiële 'permanente beschikbaarheid' van iedereen voor iedereen[4], werd niet geïntegreerd in het instituut huwelijk.

2.2. Desinstitutionalisering van de levensloop

Een andere interpretatie van de recente ontwikkelingen inzake huwelijk en gezin sluit aan bij de waarneming dat de individualisering niet echt radicaal wordt doorgetrokken.

Verschillende commentatoren stelden nochtans dergelijke radicale individualisering in het vooruitzicht. Persoonlijke relaties zouden partiële relaties worden, waarbij individuen zich zouden omringen door een ruime vriendenkring en waarbij ze in elke relatie één aspect van hun behoeften zouden kunnen realiseren[5]. Het toenemende aantal alleenstaanden, ingebed in een netwerk van vriendenrelaties en het fenomeen van de LAT-relaties zouden indicator zijn voor deze trend.

Niettegenstaande de finale huwelijksbereidheid lager ligt voor elke aankomende cohorte, treedt nog steeds een grote meerderheid in het huwelijk. Degenen die niet huwen wonen samen, en het krijgen van kinderen blijft voor de meeste jonge vrouwen en mannen een levenswens[6].

Demografen en sociologen realiseerden zich dat ze de daling van het aantal huwelijken tijdens de twee voorbije decennia te veralgemenend hebben toegedicht aan individualisering en functionele differentiatie. Een lichte stijging van het aantal huwelijken op het einde van het decennium 1980-1989 trok de aandacht op de huwelijksleeftijd en op de leeftijd bij de geboorte van het eerste kind. Het bleek dat er een einde gekomen was aan de trend van de dalende huwelijksleeftijd en dat een nieuwe periode van stijging van deze leeftijd was aangebroken. Voor vrouwen steeg de gemiddelde huwelijksleeftijd bijvoorbeeld van 22,4 jaar in 1970 over 24j 4m in 1983 tot 27j 6m in 1992. De herhuwelijken zijn hiering begrepen; toch ligt het gemiddelde bij de ongehuwde vrouwen ook hoog: 24j en 11m in 1992.

4 FARBER, B., *Family: organization and interaction*, San Francisco, Chandler, 1964, 106.

5 WEEDA, I., *Samen leven. Een gezinssociologische inleiding*, Leiden/Antwerpen, Stenfert Kroese, 1989, 98.

6 JACOBS, TH., "Paarrelatie en gezin: facetten van een groeiende huwelijkscultuur", *De gids op maatschappelijk gebied*, 80 (1989), 845-864; CORIJN, M., *Leefvormen in Vlaanderen*, Brussel, Centrum voor bevolking en gezinsstudiën, 1993, 115.

Er bleken vooral veranderingen te zijn in de opeenvolging en de timing van de verschillende fenomenen die te maken hebben met het volwassen worden in onze samenleving. Het huwelijk en de geboorte van een eerste kind hangen samen en beide gebeurtenissen worden uitgesteld tot een latere leeftijd. Voordien wonen de jongeren samen of verblijven ze thuis, al dan niet met een 'vast lief'. Het tot op latere leeftijd thuis blijven, zit zelfs in de lift[7].

De overgang van jeugd naar volwassenheid is op dit ogenblik een langgerekt proces dat begint in de tienerjaren met de eerste verliefdheid en eindigt met het eerste kind. Maar er is geen algemene sturing van de timing van dit alles: sommigen 'nemen' hun eerste vast lief of hun eerste kind vroeger, anderen later. Enkelen beginnen slechts op hun dertigste of later met de gezinsvorming.

In dergelijke situatie verliest het instituut van het huwelijk zijn antropologisch karakter van overgangsrite, die het wel had in de moderne periode. Er is geen overkoepelend moment meer dat de overgang van de jeugd naar de volwasenheid regelt voor de totaliteit van de bevolking[8].

Deze desinstitutionalisering van de levensloop kan leiden tot een verhoogde invloed van de economische conjunctuur en van het sociaal milieu op de timing van overgangen in de levensloop. Een langere opleiding leidt tot uitstelgedrag omwille van het doortrekken van de logica van de opleiding: deze dicteert dat het diploma eerst ten gelde wordt gemaakt, en dat de carrière de eerste prioriteit is voor de twintig- tot dertigjarigen.

Volgens sommige gezinseconomen[9] kan een slechte beginsituatie op de arbeidsmarkt omwille van de economische situatie, het uitstel bevorderen. In deze interpretatie is het dan denkbaar dat de timing van de gezinsvorming conjunctureel is, namelijk afhankelijk van de economische mogelijkheid om een huishouden in te richten dat beantwoordt aan de aspiraties: een behoorlijk inkomen verwerven, een comfortabele woonst betalen.

Volgens anderen is het uitstelgedrag van meer blijvende aard, omdat het vooral te maken heeft met de veranderde opportuniteitenstructuur

[7] Corijn, M., *o.c.*, 100.

[8] Jacobs, Th., "Paarrelatatie...", 851-852.

[9] Lesthaeghe, R. en Verleye, G., *De tweede demografische transitie. Conceptuele basis en recente evolutie*, Brussel, V.U.B. Steunpunt voor demografie, working paper nr. 1991-4, 1991, 6.

van de vrouwen in onze samenleving[10]. Zeker voor haar komen huwelijk en gezinsvorming in balans te liggen met andere, aantrekkelijke en sociaal aanvaarde dingen zoals: carrière maken, op avontuur gaan, materiële dingen verzamelen, vrije tijd uitleven enzovoort. Wat het huwelijk vroeger zo aantrekkelijk maakte, kan nu ook zonder deze staat, en zonder gecriminaliseerd te worden: nabijheid met de geliefde zonder of met sex, onafhankelijkheid van de ouders in geld en tijdsbestedingspatronen.

Oppenheimer[11] tenslotte, stelt dat het uitstellen van de gezinsvorming in hoofdzaak te maken heeft met de verhoogde kwaliteitseisen van de vrouw ten aanzien van haar partner. Zij neemt de tijd om de 'beste keus' te maken. Volgens deze auteur blijft gezinsvorming een centrale waarde in onze cultuur, maar niet onvoorwaardelijk.

2.3. Besluit

Demografen en sociologen verwachten dat de finale huwelijksbereidheid verder zal blijven dalen. Deze ontwikkeling leidt evenwel niet tot een afname van de waarde van de vaste relatie en van het gezin.

Of samenwonenden zullen trouwen wanneer ze een kind wensen en of het uitstellen van het huwelijk en de geboorte van een eerste kind verder zullen veralgemeend worden is niet duidelijk: sommigen suggereren een conjunctureel patroon, anderen veronderstellen dat het uitstel de regel zal worden.

In elk geval is er een situatie gegroeid waarin het huwelijk voor de participanten vele verschillende betekenissen kan hebben.

Voor de enen betekent het huwelijk nog steeds dé overgang van jeugd naar volwassenheid, voor de anderen een verdere stap in een engagement dat reeds een geschiedenis heeft en voor nog anderen de uiteindelijke stap naar de gezinsvorming. Tenslotte zijn er ook steeds meer personen die een tweede huwelijk aangaan.

Tothiertoe hebben we de demografische en sociologische gegevens zeer algemeen benaderd; we exploreren de problematiek nu verder aan de hand van de gegevens van de Panel Studie van Belgische Huis-

[10] LESTHAEGHE, R., en VERLEYE, G., *o.c.*, 5.

[11] OPPENHEIMER, V.K., "A theory of marriage timing", *American Journal of Sociology*, 94 (1988), 563-591.

houdens[12]. Om de resultaten te stabiliseren gebruiken we de hele Belgische dataset.

3. Differentiële analyse

De huwelijksbereidheid neemt af, maar dit neemt niet weg dat vooralsnog een ruime meerderheid van de bevolking in het huwelijk treedt. Een priester, een ambtenaar van de burgerlijke stand dient in onze tijd mensen in de leeftijd van (afgerond) twintig tot zeventig jaar in de echt te verbinden. Mijns inziens is dit gegeven de meest relevante verandering van het laatste decennium: er staat geen leeftijd meer op trouwen.

In de volgende paragrafen willen we de verschillende wijzen waarop de levensloop wordt opgebouwd empirisch beschrijven.

We onderzoeken of de opbouw van de levensloop verschillend ligt naargelang van geslacht, naargelang van de schoolcarrière, naargelang van het sociale milieu en naargelang van de opstelling ten aanzien van het geloof.

We maken het onderscheid tussen de studie van de leefvormen en deze van de ervaring met het samenwonen. In het eerste onderzoek gaat het over de analyse van de fazen van het alleenwonen, de paarvorming en de gezinsvorming als transities in de levensloop. In het tweede onderzoek gaat het over de beslissing om al dan niet onmiddellijk te huwen.

3.1. De leefvormen

We beperken ons in deze beschrijving tot de leeftijdsgroep van 20 tot 34 jaar, de leeftijd waarop de overgang naar relatie en gezin wordt gemaakt.

Om de verschillende situatie op de verschillende leeftijden in de verf te zetten, maken we het onderscheid tussen drie leeftijdsgroepen: van 20-24 jaar, van 25-29 jaar en van 30-34 jaar.

[12] De Panel Studie van Belgische Huishoudens is een onderzoeksproject, gefinancierd in het raam van het Maatschappelijk programma van de Diensten voor de programmatie van het Wetenscapsbeleid. Er wordt een gegevensbestand gemaakt waarin de evolutie in de levensloop van ongeveer 10.000 personen in ongeveer 4500 in België wordt gevolgd. OP dit ogenblik zijn 2 onderzoeksrondes voltooid.

3.1.1. Geslacht

Tabel 1. Leefvorm van personen op leeftijd 20-24jaar

Leefvorm	Tot %	man %	vrouw %
thuis	63,9	79,1	49,6
thuis met partner	1,7	1,2	2,2
thuis, ooit kind gehad	0,3	0,0	0,5
alleenwonend	4,7	4,6	4,8
alleenwonend, ooit kind	0,7	0,2	1,1
met partner	16,1	8,5	23,3
met partner en kind	11,8	5,4	17,7
onbekend	0,5	0,7	0,3
Absolute aantallen	691	334	355

Bron:Psbh/wave1 (1992), gewogen percentages.

Ruim driekwart van de jonge mannen en de helft van de jonge vrouwen verblijft op deze leeftijd nog thuis.

Het verschil naar geslacht is opvallend. Dit verschil situeert zich niet op het vlak van het verwerven van zelfstandigheid, wel op het vlak van de timing van het starten van een eigen huishouden. Vrouwen engageren zich vroeger dan mannen in een vaste relatie.

Wanneer de praktijk van het leeftijdsverschil tussen man en vrouw behouden blijft, dan is de opleidingssituatie van de vrouw op de leeftijd van 20-24 jaar cruciaal in de bepaling van de timing van de relatie- en gezinsvorming.

Tabel 2. Leefvorm van personen op leeftijd 25-29jaar

Leefvorm	Tot %	man %	vrouw %
thuis	13,0	18,4	8,2
thuis met partner	1,7	1,5	1,9
thuis, ooit kind gehad	0,4	0,1	0,5
alleenwonend	8,4	9,5	6,3
alleenwonend, ooit kind	2,7	1,4	3,8
met partner	23,8	27,2	20,7
met partner en kind	50,3	41,5	58,3
onbekend	0,0	0,0	0,0
Absolute aantallen	894	423	471

Bron:Psbh/wave1 (1992), gewogen percentages.

De ‘tragere’ start van de jonge mannen blijft verder doorwerken in de tweede helft van de leeftijdscategorie tussen 20 en 30 jaar. Bijna 1 op 5 jonge mannen woont nog steeds thuis.

Opvallend is het hoge percentage mannen die op deze leeftijd geïntegreerd zijn in een volledig gezin. De breuk met de vorige leeftijdsgroep is groot. De vraag stelt zich of de tussenfaze, nl. ‘met partner’, in de levensloop van de man een kortere tijd in beslag neemt. Daartegenover staat dat mannen meer dan vrouwen passeren via de tussenfaze ‘alleenwonen’.

Tabel 3. Leefvorm van personen op leeftijd 30-34jaar

Leefvorm	Tot %	man %	vrouw %
thuis	4,1	6,4	1,5
thuis met partner	0,9	0,7	1,1
thuis, ooit kind gehad	0,5	0,6	0,4
alleenwonend	4,5	5,3	3,6
alleenwonend, ooit kind	5,7	2,2	9,6
met partner	11,7	13,6	9,8
met partner en kind	72,3	71,0	73,7
onbekend	0,0	0,0	0,0
Absolute aantallen	1067	555	512

Bron:Psbh/wave1 (1992), gewogen percentages.

In de laatste leeftijdsgroep heeft de grote meerderheid de transitie naar partnerschap en gezin gemaakt. De verschillen tussen mannen en vrouwen zijn zeer gering. Opvallend is het aantal mannen dat nog steeds thuis woont, zonder partner en het aantal vrouwen, hoofd van een éénoudergezin.

Opleiding

In de enquête werd zeer gedetailleerde informatie gevraagd omtrent het 'hoogst behaald diploma'. We hebben deze informatie gegroepeerd in vier verschillende niveaus van studieniveau.
Een verdere vereenvoudiging betreft de leefvormen: we nemen in deze analyse enkel de leefvormen op die het vaakst voorkomen en die de voornaamste transities weergeven.

Tabel 4. Leefvormen naargelang van opleiding

a) 20-24jaar

Diploma	thuis	alleen	paar	met kind	totaal
LMO	47,9	4,7	15,8	31,4	114
HMO	66,0	3,8	19,5	10,5	325
HO	73,5	4,9	16,8	4,7	133
UNIV	77,8	10,6	8,0	3,4	75

b) 25-29 jaar

Diploma	thuis	alleen	paar	met kind	totaal
LMO	12,7	4,4	13,8	68,9	173
HMO	13,5	7,7	24,0	54,6	342
HO	15,6	8,8	30,6	44,8	215
UNIV	15,4	14,8	32,0	37,6	90

c) 30-34 jaar

Diploma	thuis	alleen	paar	met kind	totaal
LMO	4,7	4,7	12,1	78,4	251
HMO	4,0	3,5	12,3	79,9	347
HO	5,0	5,8	13,7	75,3	216
UNIV	4,8	9,0	11,0	75,1	120

Bron:Psbh/wave1 (1992), gewogen percentages.

In de bestudeerde leeftijdsgroep (tabel niet opgenomen) is er een significante[13] samenhang tussen het hoogst bereikte diploma en de leefvorm. Personen die gestopt zijn na het lager middelbaar, zijn verhoudingsgewijs meer geëngageerd in paarvorming en gezin. Personen met een hogere opleiding blijven meer en langer thuis. Het alleenwonen is een fenomeen van de universitair geschoolden.

[13] De significantietoets is de X2, p<=.001

We deden deze analyse ook voor elke leeftijdsgroep apart. Opvallend is dat de samenhang significant is in de twee jongste groepen, maar verdwijnt in de oudste groep (X^2, p>005). Op die leeftijd is het uitstelgedrag op grond van de opleiding 'uitgespeeld'. Een hogere opleiding leidt dus finaal niet tot een uitgesproken gezinsvijandige attitude. Nochtans leeft 9% van deze groep alleen, wat kan wijzen op partnerkeuzeproblemen wanneer de traditionele leeftijd van partnerkeuze voorbij is.

De verschillen zijn het grootst in de jongste leeftijdsgroep: 48% van de jongeren met een LMO-diploma wonen nog thuis, 16% woont met een partner en 31% in een gezin. Universitairen leven nog in 78% van de gevallen thuis, 8% leeft met een partner en 4% heeft een eerste kind. Deze gegevens wijzen in de richting van het levensloopmodel: de toename van de scholingsgraad heeft een onmiddellijke impact op de timing van de levensloop.

Sociaal milieu

We indiceerden het sociale milieu aan de hand van het hoogst behaalde diploma van de vader. De resultaten van de analyse zijn opgenomen in tabel 5.

Tabel 5. Leefvormen naargelang van sociaal milieu

a) 20-24jaar

Diploma	thuis	alleen	paar	met kind	totaal
Geen	46,9	1,9	13,0	38,0	40
LO	63,9	2,5	20,2	13,2	135
LMO	69,6	6,7	15,7	7,8	111
HMO	70,8	3,6	12,6	12,8	151
HO	77,1	5,2	13,8	3,7	112
UNIV	66,6	13,3	15,8	4,1	50

b) 25-29 jaar

Diploma	thuis	alleen	paar	met kind	totaal
Geen	7,0	9,4	14,7	68,7	124
LO	14,8	6,7	25,9	52,4	181
LMO	15,5	4,7	26,9	52,7	129
HMO	19,0	8,5	24,7	47,6	158
HO	14,1	7,0	30,2	48,6	88
UNIV	9,4	20,6	29,9	40,0	62

c) 30-34 jaar

Diploma	thuis	alleen	paar	met kind	totaal
Geen	2,9	1,1	12,6	83,2	188
LO	3,4	4,3	7,8	84,3	221
LMO	2,5	4,7	10,5	82,1	157
HMO	8,6	5,9	15,9	69,4	138
HO	5,0	5,9	23,0	65,9	83
UNIV	6,9	14,4	9,6	68,9	71

Bron:Psbh/wave1 (1992), gewogen percentages.

In elke leeftijdscategorie is er een significante samenhang tussen het sociaal milieu van het gezin van herkomst en de leefvormen. De trend is duidelijk afleesbaar uit de tabellen: de hogere sociale milieus leiden tot levenslooppatronen die gekenmerkt zijn door een tragere start én door een grotere spreiding van de leefvormen op de leeftijd van 30 tot 34 jaar.

Godsdienstigheid

In de survey wordt de godsdienstigheid op verschillende manieren bevraagd. Er is vooreerst een vraag of men thuis al dan niet katholiek werd grootgebracht; dan is er een vraag naar de mate van godsdienstigheid en tenslotte een vraag naar de religieuze praktijk.

Het al dan niet praktiseren heeft in geen enkele leeftijdscategorie enige invloed op de leefvorm. De katholieke achtergrond speelt enkel een rol in de jongste leeftijdscategorie. De actuele opstelling ten aanzien van het geloof vertoont een samenhang met de leefvorm in de twee oudste leeftijdsgroepen. In tabel 6 nemen we enkel de significante tabellen op:

Tabel 6. Leefvormen naargelang van godsdienstigheid

Godsdienstigheid	thuis	alleen	paar	met kind	Totaal
jeugd:					
20-24 jaar:					
— katholiek	69,6	3,1	16,6	10,5	506
— niet	55,2	10,6	16,4	17,6	155
geloof:					
25-29 jaar:					
— gelovig	15,2	5,0	24,2	55,4	471
— ongelovig	14,9	17,2	31,8	35,9	78
— onverschillig	12,0	9,0	22,9	55,9	212
30-34 jaar:					
— gelovig	4,7	2,7	10,9	81,5	589
— ongelovig	3,5	11,3	19,8	65,2	103
— onverschillig	3,8	7,1	13,7	75,2	226

Bron: Psbh/wave1 (1992), gewogen percentages.

Geen enkele van de drie indicatoren maakt een verschil uit wat het thuisblijven betreft. Het alleenwonen is duidelijker geprononceerd in de kringen van personen die zich op alle indicatoren buiten de invloedssfeer van de katholiciteit bevinden. Bij deze personen heeft zich als het ware verhoudingsgewijs meer een nieuwe levensfaze, deze van het alleenwonen, in de levensloop tussengevoegd. Het grootste verschil wordt gemaakt in het voorkomen van en in de timing van de gezinsvorming. Zij die stellen 'ongelovig' te zijn, zijn in alle leeftijdscategorieën degenen die het laatst aan gezinsvorming beginnen; finaal leeft slechts twee op drie in gezinsverband.

De levensloop, met name de timing van de overgangsmomenten, wordt sterk beïnvloed door het geslacht, de opleiding en het milieu van herkomst. Culturele elementen die verwijzen naar de secularisatie komen in dit onderzoek minder uit de verf. De godsdienstigheid van de thuis speelt enkel een rol in de jongste leeftijdsgroep. Op latere leeftijd werkt de eigen opstelling ten aanzien van het geloof differentiërend. Daarbij is het gedragspatroon van personen die zich ongelovig noemen duidelijk anders dan dat van de gelovigen. De 'onverschilligen' situeren zich in een middenpositie, maar enkel in de oudste groep. De religieuze praktijk speelt op geen enkele leeftijd een rol in de keuze van de leefvormen.

Dit besluit moet in verder onderzoek op zijn houdbaarheid getoetst worden in het raam van een multivariate analyse. Dit valt buiten het bestek van dit explorerend en beschrijvend artikel.

De geringere impact van de culturele factor zou kunnen te maken hebben met de wijze waarop we de leefvormen hebben geconstrueerd. Met name hebben we het fenomeen van het samenwonen in deze typologie niet opgenomen.

3.2. Het samenwonen

In de ganse populatie van het onderzoek (N=8775) heeft 15% ervaring met samenwonen, mannen en vrouwen in gelijke mate. Figuur 1 laat zien dat deze ervaring significant toeneemt in de jongere cohorten. Nagenoeg 1 op drie ondervraagden in de cohorte 25-29 jaar heeft ervaring met het samenwonen.

In de totale groep onder studie (20-34 jaar) is er een significante samenhang tussen het sociaal milieu van het gezin van herkomst en het samenwonen. De extreme categorieën, nl. kinderen van een ongeschoolde vader en kinderen met een vader met een universitair diploma vertonen de hoogste percentages: 29% en 30% respectievelijk. Misschien moeten we ook een onderscheid maken naar verschillende betekenissen van het samenwonen?[14].

Met de uitsplitsing naar leeftijdsgroepen past het voorzichtig om te springen, omdat de totalen van samenwonenden in elke deelgroep klein worden (minder dan 100). Overtuigend is enkel de samenhang in de oudste leeftijdsgroep: 43% van de personen met een vader met een diploma hoger onderwijs en 33% van de personen met een universitair geschoolde vader rapporteren ervaring met het samenwonen, tegenover 21% van de ondervraagden met een minder geschoolde vader (lo en lso).

Het eigen diploma speelt in de totale groep geen rol: in alle studieniveaus heeft ongeveer 1 op vier ervaring met het samenwonen. We noteren enkel een samenhang in de jongste leeftijdsgroep, met hogere percentages voor de lager geschoolden. Dit hangt o.i. meer te samen met

[14] ROUSSEL, L., "La famille en Europe occidentale: divergences et convergences", *Population*, 1 (1992) 133-152, in het bijzonder 136-137.

de hierboven behandelde timingsproblematiek: de hoger geschoolde jongeren wonen in de meerderheid nog steeds thuis.

Voor de culturele indicator nemen we de houding ten aanzien van het geloof. Er is een uitgesproken samenhang tussen deze houding en de ervaring met het samenwonen, en dit in elke leeftijdsgroep.

Tabel 7. Ervaring met het samenwonen naargelang van geloofshouding (Tussen haakjes staan de aantallen samenwoners)

Houding t.o.v. geloof	20-24j % ervaring met samenwonen	25-29j % ervaring met samenwonen	30-34j % ervaring met samenwonen
gelovig	10,0(32)	24,0(114)	19,5(115)
ongelovig	15,9(11)	49,9 (40)	51,1 (54)
onverschillig	24,9(51)	35,5 (78)	29,4 (67)

Ook deze analyse maant tot omzichtigheid: de aantallen zijn zeer klein, vooral in de eerste leeftijdscategorie.

Nochtans lijkt het me duidelijk dat de geloofshouding niet vreemd is aan het samenwonen. De keuze hiervoor is m.i. niet zozeer een fenomeen dat te maken heeft met een herordening van de levensloop, maar wel een gedragspatroon dat gekaderd moet worden in de institutionele zwakte van het huwelijk. Dat de 'onverschilligen' een tussenpositie innemen steunt de veronderstelling dat het samenwonen zich in de toekomst nog zal uitbreiden.

Besluit

Op het huwelijk staat geen leeftijd, zelfs niet op het eerste huwelijk. De timing van het vormen van een eigen huishouden met een partner, het al dan niet tussenschuiven van een faze van zelfstandig wonen en de timing van de gezinsvorming hangen samen met andere elementen die de levensloop bepalen: het geslacht, het milieu van herkomst en de opleiding. Het al dan niet samenwonen, het al dan niet huwen en ook de komst van een eerste kind zijn fenomenen die samenhangen met de levenshouding van de betrokkenen en met name met de houding tegenover het godsgeloof.

Tot slot van deze analyse stellen we ons de vraag of de levenshouding ook de waarden beïnvloedt die centraal geacht worden voor een geslaagd huwelijk.

4. Traditionalisten en modernisten?

Het samenwonen raakt ingeburgerd in onze samenleving. Een kwart tot de helft van de onderzochte jong-volwassenen heeft ooit samengewoond. Onder personen die stellen in God te geloven, is deze ervaring het minst aanwezig.

De vraag stelt zich nu of personen die besluiten om samen te wonen ook op andere vlakken een andere houding hebben tegenover het aangaan van relaties en het vormen van een gezin. Wat sloganmatig uitgedrukt onderzoeken we of diegenen die in het huwelijk treden een meer traditionalistische visie hebben op huwelijk en gezin.

Dit probleem exploreren we aan de hand van de antwoorden op een vragenbatterij die peilt naar de houding tegenover een aantal waarden. Deze batterij werd gedeeltelijk overgenomen van het Europese waardenonderzoek.

Tabel 8

Percentsverdeling van de EVS-waardenschaal in de PSBH-steekproef-1992 en in de EVS-steekproef-1990 (18+, België, gewogen)

(Hoe belangrijk vindt u de volgende elementen voor een succesvolle partnerrelatie? 5-puntenschaal, % 'belangrijk' (5) Here is a list of things which some people make for a succesful marriage. Please tell me, for each one, whether you think it is very important, rather important or not very important for a succesful marriage? % Very important)

	PSBH	EVS
wederzijdse trouw	86,1%	85%
wederzijds respect en waardering	86,1%	86,4%
wederzijds begrip en verdraagzaamheid	74,8%	76,9%
bevredigende sexuele relatie	60,1%	64%
kinderen	56,4%	54,3%
aanvaardbare verdeling van huishoudelijke taken	32,9%	38,1%
zelfde smaak en interesse	32,1%	39,2%
zelfde sociale achtergrond	24,1%	22,1%
zelfde politieke visie	9,8%	8,9%

De verdelingen in de beide enquêtes lopen zeer parallel. In beide onderzoeken staan de vier partnerschap-kenmerken vooraan in de lijst. De thematiek van de verdeling van het huishoudelijke werk is slechts voor één op drie respondenten belangrijk voor een geslaagd huwelijk. Ook de elementen die verwijzen naar het belang van de homogamie in de partnerkeuze worden slechts door een minderheid als belangrijk voor een geslaagd huwelijk aangeduid.

We beperken de volgende analyse opnieuw tot de leeftijdsgroep 20-34 jaar en onderzoeken of de antwoorden op de waardenbatterij afhankelijk zijn van geslacht, leeftijd, milieu van herkomst, eigen opleiding, ervaring met samenwonen, en met de drie indicatoren van de geloofshouding. (Tabel 9)

Tabel 9. Samenhangen met huwelijkswaarden: overzicht van significante verbanden

huwelijkswaarden	samenwonen	geslacht	leeftijd	sociaal milieu	opleiding	katholieke thuis	geloof	praktijk
wederzijdse trouw	0	*	0	0	0	0	*	*
wederzijds respect en verdraagzaamheid	0	*	0	0	0	0	*	*
wederzijds begrip en verdraagzaamheid	0	*	0	0	*	0	*	*
aanvaardbare verdeling huishoudelijke taken	0	*	0	0	(*)	0	0	0
bevredigende sexuele relatie	*	0	0	0	0	0	0	0
gemeenschappelijke smaak en interesses	0	*	0	0	0	0	*	0
kinderen	*	*	*	*	*	*	*	*
eenzelfde sociale achtergrond	*	*	*	0	0	*	*	*
eenzelfde politieke opstelling	0	0	0	*	*	0	*	0
eenzelfde godsdienstige overtuiging	*	*	(*)	*	(*)	*	*	*

Personen die ervaring hebben met het samenwonen hanteren door de band dezelfde waardenschaal als personen die deze ervaring (nog) niet hebben. Uitzonderingen zijn het meer belang hechten aan het hebben van een bevredigende sexuele relatie (4.6 tegenover 4.4 op de 5-puntenschaal), en het minder belang hechten aan homogamie in de partnerkeuze betreffende het milieu van afkomst en de godsdienstige overtuiging.

De reserve tegenover het instituut 'huwelijk' leidt dus niet tot de ontwikkeling van een omvattend alternatief relatieconcept; de keuze voor het samenwonen is geen teken van de wens om het relationele leven op een volslagen eigen wijze te organiseren.

Aan de hand van het samenwonen kunnen 'traditionalisten' en 'modernen' dus nauwelijks van elkaar onderscheiden worden. Dit is wel het geval met de karakteristiek 'godsgeloof'. In de tabel lezen we dat deze levenshouding in 8 op de 10 gevallen significante verschillen oplevert ten aanzien van het waardenpatroon. Enkel de waarde van een bevredigende sexuele relatie en deze van een aanvaardbare verdeling van de huishoudelijke taken valt hierbuiten. Godsgelovigen hechten nog meer belang aan de waarden die de gelijkheid en reciprociteit in de partnerrelatie benadrukken dan de onverschilligen en de ongelovigen. We kunnen deze houding bezwaarlijk als 'traditionalistisch' bestempelen, omdat de centraliteit van de partnerrelatie precies het kenmerk is van de moderne visie. Maar de situatie is ambigue: godsgelovigen hechten verhoudingsgewijs ook meer belang aan alle waarden die wijzen in de richting van homogamie. Ze oordelen dat het reduceren van verschillen tussen de partners het slagen van een huwelijk kan bevorderen. Deze reserve tegenover het inbouwen van conflicten in de relatie kan wijzen op een traditionalistische opstelling, in de mate dat er minder geloof wordt gehecht aan de kracht van het overleg en overreding. Tenslotte zijn er merkelijke verschillen inzake de noodzaak van kinderen voor het slagen van een relatie. Godsgelovigen achten de aanwezigheid van kinderen wél noodzakelijk, de paarrelatie en het gezin zijn niet van elkaar losgekoppeld.

Deze verschillen zijn geen product van de opvoeding, noch een product van de blijvende socialisatie door de religieuze praktijk. Ze hebben te maken met een eigen opstelling van de ondervraagden die consequenties heeft voor de hele levenshouding.

Leeftijd, milieu van herkomst en eigen opleiding differentiëren nauwelijks. De jongste leeftijdsgroep acht het krijgen van kinderen minder belangrijk voor het welslagen van een relatie dan de oudere groepen: voor hen staat de relatie zelf op het eerste plan. Dit geldt ook voor de jong-volwassenen die stammen uit hogere sociale milieus en voor hen die zelf een hogere opleiding hebben genoten; in beide gevallen zijn het vooral de universitairen die paarrelatie en gezin als afzonderlijke fenomenen beschouwen.

Vrouwen scoren op elk van de aangehaalde waarden systematisch hoger dan de mannen. Ze hebben dus niet een specifiek waardenpatroon. Het zou gemakkelijk zijn om hieruit te besluiten dat de verwachtingen van de vrouwen ten aanzien van het huwelijk hoger liggen dan deze van de man. Misschien is dit wel zo, maar alvorens te komen tot dergelijk besluit moet toch nagegaan worden of de hogere scores ontstaan door een grotere eensgezindheid van de vrouwen (lagere interne variantie binnen de groep in vergelijking met de mannen) dan wel door een systematisch hoger liggen van alle scores.

Al deze onderzoeksresultaten zijn het product van eenvoudige, bivariate analyses. Een multivariate analyse is nodig om uit te maken welke achtergrondsfactor uiteindelijk de boventoon voert. Dergelijke analyse is zeker noodzakelijk, gezien het feit dat het geslacht van de respondent op bijna alle waarden een discriminerende rol speelt. Indien vrouwen ook meer godsgelovig zijn, dan is het niet duidelijk of de hogere kwaliteitseisen ten aanzien van de relatie en de grotere nadruk op homogamie en op de gezinsvorming, eerder aan het vrouw-zijn, dan wel aan het godsgelovig zijn moeten toegeschreven worden. Deze multivariate analyse valt buiten de explorerende opdracht van dit artikel.

Een laatste gegeven willen we nog onder de aandacht brengen. Het bereiken van een 'aanvaardbare verdeling van de huishoudelijke taken' is een waarde die nauwelijks door een derde van de respondenten gekoppeld wordt aan het slagen van een huwelijk. Noch de leeftijd, noch het sociale milieu, noch de geloofsvariabelen en ook niet de ervaring met het samenwonen doen de score op deze variabele significant stijgen of dalen. Enkel het geslacht speelt een rol. Vrouwen, meer dan mannen, oordelen dat zo'n aanvaardbare verdeling van het huishoudelijk werk noodzakelijk is voor het welslagen van een huwelijk.

Besluit

De bivariate analyse van de gegevens van de Panel Studie van Belgische Huishoudens laat niet toe om 'traditionalisten' en 'modernisten' inzake huwelijkswaarden van elkaar af te zonderen en om deze kampen dan te bevolken: de samenwoners, de ongelovigen en de hoger opgeleiden bij de modernisten; de gelovigen, de lager opgeleiden en de vrouwen bij de traditionalisten.

Het partnerschap is een algemene norm geworden, zeker bij het vrouwelijke deel van de respondenten. De ontkoppeling van relatie en gezin is het meest kampmatig gestructureerd: de jongsten, de mannen, de hoog opgeleiden, de ongelovigen en onverschilligen en de samenwoners maken de band minder automatisch dan de anderen. De homogamie in de partnerkeuze is niet over de hele lijn in groepen in te delen.

Waar de verscheidenheid in de timing van de gebeurtenissen kon toegeschreven worden aan andere elementen in de levensloop en de keuze voor het samenwonen en het uitstellen en afstellen van de geboorte van het eerste kind aan culturele factoren, is de verscheidenheid inzake kwaliteitseisen en inzake randvoorwaarden voor een geslaagd huwelijk minder gemakkelijk te interpreteren.

Alleszins liggen de kwaliteitseisen inzake het partnerschap zeer hoog. Tot besluit van dit artikel geven we enkele randbemerkingen bij deze bevinding.

De remedie voor het hoger aantal mislukte huwelijken, wordt meer en meer geformuleerd in termen van 'relatiebekwaamheid': het relativeren van de hooggestemde verwachtingen vanuit de idee van de relatiegroei. Dit wil zeggen: een relatie is nooit af, er moet aan gewerkt worden en er mogen fouten begaan worden.

Mijns inziens mogen de structurele spanningen waaraan gehuwden/samenwonenden blootstaan niet uit het oog verloren worden. Het onderzoek richt zich dan op de tegenstellingen en contradicties die de gehuwden moeten zien te verzoenen, zonder dat er rolmodellen voorhanden zijn en zonder dat de samenleving een handje toesteekt.

De contradicties komen we ondermeer op het spoor via het hierboven beschreven waardenonderzoek: gevraagd naar de factoren die essentiëel zijn voor een geslaagd huwelijk, blijken de waarden die de wederzijdsheid in de relatie benadrukken ver voorop te lopen. De waarden die, nuchterweg, een basis zouden kunnen vormen voor dergelijke wederzijdsheid, zijn naar de achtergrond verschoven.

Er is dus vooreerst een spanning tussen dat wat mensen van het huwelijk in abstracto verwachten en de concrete invulling van die wensen. Deze laatste worden van minder belang geacht.

Een tweede element dat de situatie van de 'postmoderne generatie' moeilijk maakt is de opdracht om een evenwicht te vinden tussen het ouderschap en het partnerschap. Er zijn groepen in de bevolking die huwen en kinderen krijgen, als twee verschillende aangelegenheden denken. Voor het huwelijk is het partnerschap essentiëel, niet het ouderschap. Deze houding is fundamenteel verschillend van deze gehuldigd voor WO II. Het lijkt dat er nieuwe wegen gezocht worden om de duurzaamheid van het engagement ten aanzien van het kind vorm te geven (co-ouderschap), ook wanneer de partners uit elkaar zijn.

Een derde element van spanning heeft te maken met de rol, het takenpakket van de geslachten. Vooral opvallend is het geringe belang dat gehecht wordt aan de verdeling van de huishoudelijke taken. Gernsheim[15] wijst erop dat rolverwachtingen centraal zijn in de identiteitsopbouw. Discussies over "wie doet wat?" zijn, zeker voor vrouwen, discussies over "wie ben ik, wie wil ik zijn?". Het spanningsveld wordt verzwaard, omdat vooral mannen de traditionele rol evident vinden en vrouwen andere aspiraties krijgen. Er is dus een ritmeverschil tussen mannen en vrouwen in deze aangelegenheid.

De opdracht van het demografisch en gezinssociologisch onderzoek voor de nabije toekomst is, naast het voeren van meer verfijnde analyses van de determinanten van gedragspatronen en de analyse van de transities zelf, het permanent volgen van de wijze waarop jong-volwassenen omgaan met de structurele contradicties in hun leefsituatie.

[15] BECK-GERNSHEIM, E., "Arbeitsteilung, Selbstbild und Lebensentwurf. Neue Konfliktlagen in der Familie", *Kölner Zeitschrift für Soziologie*, 44 (1992), 273-291.

HET HUWELIJK IN BURGERRECHTELIJKE ZIN

W.C.E. HAMMERSTEIN-SCHOONDERWOERD

Vanaf 1798 zijn meerdere pogingen ondernomen het huwelijksrecht in de Lage Landen te codificeren[1]. Een opvallende verschil tussen deze wetsontwerpen en het uiteindelijke burgerlijk wetboek van 1838 is dat in de genoemde ontwerpen expliciet **de voortplantingsfunctie van het huwelijk** wordt genoemd.

Zoals bijvoorbeeld in het ontwerp echtverordening van 1804: "Het huwelijk is een wettige en onscheidbare vereeniging van een man, en eene vrouw, zoo om het menschelijk geslacht voort te planten, als om elkanderen tot hulpe te zijn".

Of mensen die niet of niet meer tot voortplanten in staat waren desondanks met elkaar mochten trouwen is vanzelfsprekend toen ook onderwerp van discussie geweest.

In het burgerlijk wetboek van 1838 kwam de verwijzing naar de voortplantingsfunctie niet meer voor. Een omschrijving van wat de wetgever dan wèl onder een huwelijk verstond, treft men er echter evenmin in aan. De wetgever had echter niet de bedoeling te breken met de toen bestaande christelijke opvattingen over het huwelijk en op grond van de nieuwe burgerrechtelijke bepalingen aangaande het huwelijk, is het dan ook duidelijk dat **het gaat om een levensgemeenschap van man en vrouw, bestemd voor de opvoeding van kinderen en strekkend tot wederzijdse hulp** en dat een formele huwelijkssluiting voor de ambtenaar van de burgerlijke stand noodzakelijk was[2]. Een verdere inkleuring verkrijgt men ondermeer uit de volgende bepalingen:

— Echtscheiding met onderling goedvinden was uitgesloten. De wet somde de gronden op waarop echtscheiding kon worden verkregen.

[1] HUUSSEN, A. H., *De codificatie van het Nederlandse huwelijksrecht 1795-1838*, Amsterdam, Holland universiteit pers Amsterdam, 1975, XV + 315 p.; GALL, H., "Bronnen van de Nederlandse codificatie sinds 1798. Deel 3: Personen-en Familierecht. 1798-1820", Leiden, Walburg pers, 1981, CVIII + 567 p.; DIJK, P.L., "De betekenis van de geschiedenis van het huwelijk voor de toekomst van het wettelijk huwelijk", in VAN MOURIK, M.J.A., Hoefnagels, G.P. (ed.), *Het huwelijk*, (Boekenreeks Familie- en jeugdrecht, 1), Zwolle, Tjeenk Willink, 1984, 41-51.

[2] Zie HUUSSEN, A. H., o.c., 265.

— Op het huwelijksbootje was de man de kapitein — het hoofd der echtvereniging.
— De handelingsonbekwaamheid van de gehuwde vrouw.
— De kinderen stonden onder de vaderlijke macht.

Het **concubinaat** is dan weliswaar niet meer strafbaar maar wordt wel geacht in strijd te zijn met de goede zeden en de maatschappelijke orde. Kinderen dienden binnen een huwelijk geboren te worden. Om dit doel zoveel mogelijk te bereiken gaf men aan onwettige kinderen een minder goede rechtspositie dan aan het wettige kind. Uit talloze andere bepalingen blijkt de duidelijke voorkeur van de wetgever voor het huwelijk en het op een huwelijk gebaseerde gezin met de traditionele rolverdeling tussen beide echtgenoten.

Maatschappelijke veranderingen hebben de relatievorming en verbreking beïnvloed en zijn ook aan het huwelijk en de huwelijkswetgeving niet voorbijgegaan. Ik noem daarvan enkele in willekeurige volgorde:

I. De levenslange lotsverbondenheid en echtscheiding

Wanneer de 'echtvereniging' meer gaat lijken op een 'vechtvereniging' of het vlees toch zwakker blijkt dan de belofte van levenslange trouw, met als gevolg een feitelijke verbreking van de relatie, wordt de roep om een liberaler echtscheidingsrecht sterker. In 1883 zette de Hoge Raad in zijn *Grote leugen*-arrest een eerste stap in die richting. In 1970 werd het nieuwe Boek I BW ingevoerd met uitzondering echter van het echtscheidingsrecht, waarover de meningen te zeer verdeeld waren. Onder de voortvarende leiding van Polak kwam dit echter toch een jaar later tot stand. Het eenzijdig opzegbare huwelijk werd niet gewild. Door een beroep te doen op één van de drie verweren kon men een echtscheiding echter niet tegengaan. Men kreeg een uitstel van drie jaar door middel van een scheiding van tafel en bed. Per 1 januari 1993 is het schuldverweer — artikel 1:152 BW — geschrapt. Het pensioenverweer — artikel 1:153 BW — betekent geen principieel bezwaar tegen een echtscheiding maar beoogt een nadelig gevolg daarvan op te heffen. Blijft over het verweer dat het huwelijk niet duurzaam is ontwricht. Het volharden van de stelling dàt het huwelijk duurzaam ontwricht is, blijkt volgens de jurisprudentie voldoende te zijn om de duurzame ontwrichting aan te nemen.

In de praktijk komt het er dus op neer dat niemand tegen zijn zin gehuwd hoeft te blijven. Ook het vereiste dat men tenminste een jaar gehuwd moet zijn voordat de echtscheiding kan worden uitgesproken, is per 1 januari 1993 verdwenen.

Niet onbelangrijk in dit verband is de invoering van de **Algemene Bijstandswet** (ABW), waardoor voor iedere meerderjarige een bestaan op bijstandsniveau wordt gegarandeerd. Dat het hier meestal om vrouwen gaat die na echtscheiding een beroep op de ABW moeten doen, moge duidelijk zijn. Leven van een uitkering verdient blijkbaar de voorkeur boven het leven binnen een als te knellend ervaren huwelijksband, want het echtscheidingspercentage is sinds 1971 fors gestegen en verreweg de meeste procedures worden geëntameerd door vrouwen.

II. De traditionele opvattingen en de emancipatie van de (gehuwde) vrouw[3]

Stap voor stap wordt de emancipatie verwezenlijkt: vaderlijke macht werd ouderlijke macht, zij het tot 1985 met een beslissende stem van de vader, vrouwen kregen actief en passief kiesrecht, in 1956 werd de gehuwde vrouw handelingsbekwaam — de angst voor twee kapiteins op één schip bleek ongegrond —, verkrachting binnen het huwelijk is strafbaar en vrouwen kregen betere opleidingskansen. Aan het eind van de jaren zestig begonnen vrouwen zich openlijk te verzetten tegen de publieke moraal over liefde, sex en voortplanting. De slogan *Baas in eigen buik* verwoordde deze strijd, die voorts tot uitdrukking kwam in de aanvaarding van de anti-conceptie, de abortus, de bewust gekozen kinderloosheid, de BOM-moeder en later het beroep op de kunstmatige wijzen van voortplanting en draagmoederschap en ook de sterke toename van ongehuwde relaties. Aan het eind van de jaren zeventig wierpen vrouwen weer een ander wapen in de strijd: het recht op betaalde arbeid. Regels en omstandigheden die het vrouwen, en met name gehuwde vrouwen met kinderen, moeilijk maakten om passende betaalde arbeid buitenshuis te vinden, moesten uit de weg worden geruimd. Ging deze strijd in aanvang uit van de diverse vrouwenbewegingen en werd het krijgen en behouden van werk gezien als een keuze waartoe vrouwen moesten worden aangewakkerd, inmiddels maakt zij deel uit van het regeringsbeleid. Omdat de meeste vrouwen zich toch niet lieten verleiden tot dit nieuwe toekomstperspectief en de voorkeur gaven aan huis en haard, of dit hoogstens opgaven voor een deeltijdse baan, maar de

[3] BRAUN, M.J., *De prijs van de liefde: de eerste feministische golf, het huwelijksrecht en de vaderlandse geschiedenis*, Amsterdam, Het Spinhuis, 1992, 443 p.

behoefte aan arbeidskrachten stijgende is — mede gelet op de toenemende vergrijzing — heeft de keuzevrijheid stilletjes aan plaats moeten maken voor een arbeidsplicht voor iedereen ongeacht zijn burgerlijke staat en het hebben van gezinsverantwoordelijkheid. Om vrouwen een duwtje in de rug te geven werden de campagne *Een slimme meid is op haar toekomst voorbereid* bedacht, de *1992 maatregel* getroffen, geld vrijgemaakt voor kinderopvang, positieve discriminatie verdedigbaar geacht en de figuur van de *kostwinner* aangepakt. Het afschaffen van kostwinnersvergoedingen en het wegnemen van daarmee samenhangende fiscale voordelen moeten vrouwen direct of indirect dwingen de arbeidsmarkt op te gaan. In dit verband wil ik ook noemen het al jarenlang aanhangige wetsontwerp tot het beperken in tijdsduur van de alimentatieplicht na echtscheiding. Dit wetsontwerp is de exponent van de gedachte dat het huwelijk niet meer kan worden gezien als een levensverzekering. Wanneer de relatie wordt verbroken, dient de opgelopen financiële schade — meestal voor de vrouw — vereffend te worden, zoals dat bij elke verbreking van een civielrechtelijk contract het geval is. Het moge duidelijk zijn dat in verreweg de meeste gevallen het inkomen van de man daartoe ontoereikend is en vrouwen voorzover zij niet in eigen inkomen kunnen voorzien aangewezen zijn op een bijstandsuitkering: de feminisering van de armoede. Ook het door partijen gekozen huwelijksgoederenstelsel kan tot deze ellende bijdragen. Berucht zijn inmiddels de diverse uitspraken op het gebied van de *koude uitsluiting* die met name vrouwen, na een jarenlang huwelijk waarin zij het hunne hebben bijgedragen, in een traditionele rolverdeling letterlijk en figuurlijk in de kou laten staan. De door sommigen verdedigde stelling dat dit dan maar vereffend moet worden via een hoge alimentatieverplichting is een blijk van gebrek aan kennis over de diverse geoorloofde of ongeoorloofde, maar in vele gevallen niet aan te pakken handigheid het inkomen te 'drukken', zodat van een alimentatieverplichting geen sprake kan zijn.

De conclusie die men uit deze ontwikkelingen moet trekken is dat vrouwen — gezien de grote kans dat het huwelijk door echtscheiding zal eindigen — gestimuleerd moeten worden een behoorlijke opleiding te volgen, werk te vinden én te behouden ondanks huwelijk en ouderschap.

Nu zullen vele denken: "Wat is hier nu op tegen?" In theorie kan men deze ontwikkeling als een gunstige zien, zowel voor de maatschappij als geheel, als voor de ontplooiingsmogelijkheid van de gehuwde vrouw. De dagdagelijkse praktijk laat echter ook een ander beeld zien. De keerzijde van de medaille: de overbelaste vrouw, het ontbreken van de reële mogelijkheid een keuze te doen voor het zelf opvoeden en verzorgen van kinderen met wellicht een later herintreden op de arbeidsmarkt. Er is een groot tekort aan kinderopvang. En opvang na school, in vakanties en tijdens ziekte ontbreekt nagenoeg geheel. De verlangde mantelzorg voor steeds ouder wordende ouders komt in de meeste gevallen op de vrouw neer. De echtgenoot blijkt niet of nauwelijks bereid om daadwerkelijk zijn deel van de zorgverantwoordelijkheid op zich te nemen en daarvoor betaalde arbeidstijd in te leveren, waar vrouwen juist kiezen voor een deeltijdse baan om werk en gezinsverantwoordelijkheid beter te kunnen combineren. Deze keuze heeft echter wel gevolgen voor haar carrière mogelijkheden, de hoogte van het inkomen, de opbouw van de pensioenen, etc.

Ook al mag men hopen dat in de toekomst mannen meer bereid zullen zijn hun aandeel in de zorg voor hun rekening te nemen, en de overbelasting slechts voor deze generatie geldt, en dus van voorbijgaande aard is — helemaal vertrouwen doe ik dat overigens niet gezien de opvattingen onder jongens en hun voorkeur voor het traditionele rolpatroon — desondanks lijkt mij enige beïnvloeding van de kant van de overheid, zoals dat ook ten opzichte van meisjes en vrouwen gebeurt, nu ook ten opzichte van mannen op zijn plaats.

In het onderwijs zal aandacht moeten worden besteed aan de zorgverantwoordelijkheid voor jongens én meisjes. Op het gebied van de arbeid zullen mannen tijd moeten inleveren, zodat er een rechtvaardiger verdeling tussen zorgtaken en werk buitenshuis tot standkomt. De vaak gehoorde stelling dat in vele beroepen of banen geen plaats is voor een deeltijdse aanstelling lijkt mij onzin. Immers ook de huidige 38/40-urige werkweek is in de ogen van onze (voor)ouders deeltijds, alleen wij noemen het nu voltijds[4].

Waarom heb ik bij deze ontwikkelingen zolang stil gestaan?

Omdat ik denk dat deze maatschappelijke ontwikkelingen sporen zullen nalaten op de beleving van een huwelijkse relatie en de aard en de inhoud van de huwelijkse rechten en plichten mede zullen beïnvloeden.

III. Het ouderschap en de ontkoppeling van huwelijk, sex en voortplanting.

De gedachte van de wetgever dat kinderen binnen een huwelijkse relatie geboren dienden te worden, en die om dit zo goed mogelijk te bereiken aan het onwettige kind een minder goede rechtspositie gaf dan

[4] Zie *Nemesis. Tijdschrift over vrouwen en recht*, 7 (1993), nr 2.

aan het wettige kind, heeft niet kunnen voorkomen dat het aantal onwettige kinderen met de jaren is gaan stijgen.

Nadat in het begin van deze eeuw de vaderschapsactie mogelijk werd en in 1947 de erkenning door de moeder werd afgeschaft en er van rechtswege een familierechtelijke betrekking tussen de moeder en het kind ontstond, bracht het Marckx-arrest in 1979 en daarmee de ontdekking van het EVRM de belangrijkste wijzigingen voor het onwettige kind.

Op het gebied van het afstammingsrecht en het erfrecht werd het onwettige, erkende kind gelijkgesteld aan het wettige kind. In de (nabije) toekomst zal ook de term ‘onwettig kind’ uit het burgerlijk wetboek verdwijnen.

In 1984 en 1986 volgden enkele belangrijke uitspraken van de Hoge Raad op het gebied van het gezag over minderjarigen. Anders dan de wet luidt, is het thans mogelijk om na echtscheiding de ouderlijke macht te laten voortduren. Vervolgens werd het ook voor ongehuwden mogelijk om, in plaats van met de voogdij met de ouderlijke macht te worden belast. Lijkt de huwelijkse relatie voor wat betreft de afstamming en het gezag steeds meer op de ongehuwde relatie, toch zijn er nog enkele belangrijke punten van verschil aan te wijzen:

— Adoptie is volgens de wet en de Hoge Raad alleen mogelijk door een echtpaar.
— Een gezamenlijke ouderlijke macht is voor ongehuwden alleen mogelijk, indien het kind in familierechtelijke betrekking staat tot beide verzoekers. Dit wil zeggen dat bijvoorbeeld geen gezamenlijke gezag over het kind is weggelegd voor de lesbische moeder van het kind en de mee-moeder. Dit is evenmin het geval wanneer het kind al een juridische vader heeft die iemand anders is dan de partner met wie de moeder samenwoont en met wie zij het kind verzorgt en opvoedt. Wanneer men de opvatting onderschrijft dat het gezag aan ouders/verzorgers wordt gegeven om een bepaald doel — het kind te verzorgen en op te voeden tot een meer of minder zelfstandig persoon — dan is het niet goed te begrijpen waarom deze vorm van gezag in bovengenoemde situaties aan de verzorgers/opvoeders moet worden onthouden. Ook in het onlangs aangeboden wetsontwerp tot nadere regeling van het gezag en omgang met minderjarigen wordt deze mogelijkheid echter niet gegeven.
— Om juridisch vader te worden van een kind moet een man het kind erkennen. Hij hoeft niet de verwekker van het kind te zijn, mag niet

gehuwd zijn en heeft de schriftelijke toestemming van de moeder nodig. Het absolute karakter van de beide laatste voorwaarden is inmiddels door de Hoge raad afgezwakt. Desondanks komt aan de moeder van het kind een bijna niet te passeren beslissingsbevoegdheid toe of zij de verwekker als de juridische vader van het kind wil. Deze rechtsongelijkheid heeft consequenties voor de mogelijkheid van de vader om het gezag, c.q. een omgangsrecht met het kind te krijgen.

— Ook op het gebied van het omgangsrecht zien we een afnemend verschil tussen gehuwd en ongehuwd ouderschap. De juridisch ongehuwde vader heeft in gelijke mate recht op het vaststellen van een omgangsregeling als de juridisch wettige vader. Een opmerkelijk verschil bestaat er daarentegen weer tussen de gehuwde vader en de ongehuwde man die een samenlevingscontract had met de moeder. Hebben zij de woning (moeten) verlaten voor de geboorte van het kind dan is de wettige vader wèl ontvankelijk in zijn verzoek om een omgangsregeling en de verwekker niet.

— De grotere verdraagzaamheid tegenover andere vormen van ouderschap dan op basis van het huwelijk geeft ruimte aan meer toepassingsmogelijkheden van de medische voortplantingstechnologie, waardoor ouderschap en huwelijk in afnemende mate als onlosmakelijk verbonden worden beschouwd.

IV. Een andere kijk op het concubinaat

De tijd dat men dacht over het strafbaar stellen van het concubinaat is voorbij, evenmin wordt er thans nog over gesproken in termen van in strijd met de openbare orde of goede zeden. De wet maakt ook melding van samenwonen als ware men gehuwd en heeft het begrip levensgezel geïntroduceerd. Heb ik in het voorgaande een schets gegeven van het naar elkaar toegroeien van beide relatievormen[5], op vele gebieden bestaan er nog belangrijke verschillen, zoals bijvoorbeeld op het gebied van het onderhoudsrecht, het erfrecht, het sociaal verzekeringsrecht, etc. Hoewel niet alle ongehuwd samenlevenden ontevreden zijn over hun rechtspositie wordt thans toch naarstig gezocht naar oplossingen voor het spanningsveld dat is ontstaan tussen het huwelijk en de samenwoningsrelatie.

[5] In de loop der tijd heeft het huwelijk vele van zijn oorspronkelijke functies verloren. Steeds meer komt de nadruk te liggen op de emotionele steun en geborgenheid.

Grofweg kunnen twee stromingen worden onderscheiden:

— a. Degenen die rechtens niet kunnen trouwen maar een huwelijk willen sluiten. Hierbij moet met name worden gedacht aan homofiele relaties.
— b. Degenen die niet willen trouwen, maar ongerechtvaardigde verschillen tussen huwelijk en concubinaat afgeschaft wensen te zien.

ad a. Nadat het Europese Hof in Straatsburg[6] reeds had beslist dat onder het recht te huwen in artikel 12 EVRM moet worden verstaan het traditionele westerse huwelijksmodel, besliste de Hoge Raad[7] in 1990 in gelijke zin. Maar de Hoge Raad voegde hieraan toe dat ongerechtvaardigde verschillen tussen huwelijk en concubinaat dienden te verdwijnen (zie ad b.)

Bij de optie voor alternatief b. zal men niet heen kunnen om enigerlei vorm van registratie.

De Werkgroep S. Kortmann kreeg de opdracht om de diverse mogelijkheden en consequenties daarvan op papier te zetten ten behoeve van de Commissie toetsing regelgeving. Inmiddels is het rapport gepubliceerd en heeft het kabinet zijn standpunt bepaald. Het kabinet heeft niet het voorstel van de werkgroep overgenomen om te komen tot twee registratievormen, maar stelt één vorm van registratie voor waaraan alle met name vermogensrechtelijke gevolgen zullen worden verbonden die thans voorbehouden zijn aan de huwelijkse staat. Het regeringsstandpunt zal voorts verdergaan dan de werkgroep in gedachten had en een vorm van medegezag mogelijk maken voor die gevallen die thans geen gezamenlijk gezag kunnen krijgen. Gehandhaafd blijven de verschillen op het gebied van het afstammingsrecht, geen adoptie door ongehuwden, en geen twee juridische moeders of vaders.

V. De betekenis van andere culturen in onze samenleving

Ik wil hierover kort zijn en volstaan met de vraag in hoeverre wij bereid zijn ruimte te geven aan andere opvattingen over huwelijk en gezin, bijvoorbeeld in de islamitische cultuur, en in hoeverre deze de traditionele westerse opvattingen zullen beïnvloeden?

[6] E.H.R.M., 17 oktober 1986, *NJ*, 1987, nr. 945.
[7] H.R., 19 oktober 1990, *NJ*, 1992, nr. 129.

VI. Het proces van harmonisatie van nationale wetgevingen

Gezien de positie die Nederland inneemt op de diverse onderdelen van het personen- en familierecht, en die in vergelijking met vele westerse landen vrij progressief is, lijken op grond van dit proces weinig schokkende ontwikkelingen te verwachten.

VII. Afsluiting

In het voorgaande heb ik getracht de ontwikkelingen te schetsen zowel van de huwelijkse relatie als van de ongehuwde relatie. Zonder twijfel is een zekere neutralisering waar te nemen op het gebied van het huwelijkrecht en een toegroeien van het concubinaat naar het huwelijk. Vanuit dit gegeven zou men de stelling kunnen verdedigen dat de overheid als wetgever zich neutraal zal gaan opstellen tegenover relatievormen: degenen die dat willen kunnen zich zonder onderscheid des geslachts melden bij de ambtenaar van de burgerlijke stand en hun relatie laten registreren[8]. Het huwelijk in traditionele zin zou dan worden teruggewezen naar waar het ooit was, namelijk de kerken.

Hoe plausibel een dergelijke benadering wellicht kan zijn, op korte termijn valt de realisering daarvan niet te verwachten. En dit niet alleen omdat deze gedachte waarschijnlijk ook voor het Nederlandse volk te ver gaat gezien de hoge waardering die men toch koestert voor het instituut en de relatie[9], maar ook omdat het instituut huwelijk in tal van verdragen een niet te verwaarlozen rol speelt.

In het voorgaande heb ik gesproken over de veranderingen van en binnen het huwelijk en het naar elkaar toegroeien van de gehuwde en ongehuwde relatie, waarvoor de overheid waarschijnlijk een oplossing gaat zoeken in het tot op zekere hoogte gelijkstellen van de geregistreerde ongehuwde relatie met het huwelijk. In de literatuur wordt ook wel een andere benadering verdedigd; namelijk de afschaffing van het huwelijk en elke bemoeienis van de overheid met relaties. De overheid zou uit moeten gaan van het individu en alle regelingen hierop afstemmen[10]. Daargelaten de vraag of een dergelijke ontwikkeling in overeenstemming

[8] Polak, J.M., "Bestuursrechterlijke aspecten en gevolgen van het huwelijk", in van Mourik, M.J.A., e.a. (ed.), *o.c.*, 52-59.

[9] Becker, J.W., Van Enckevort, G.M.W., Enschede, C.J. (ed.), Normen en waarden: verandering of verschuiving?, 's Gravenhage, VUGA, 1983, 224 p.

[10] van Hoeken, M., *Ars Aequi*, Nijmegen, Ars Aequi libri, 1993, 78 e.v.

is met de maatschappelijke waardering voor een zekere mate van structurering van relatievormen, zet ik vraagtekens zowel bij de realiteitswaarde van een dergelijke benadering als bij de wenselijkheid daarvan. Veel interessanter vind ik de visie van Cuyvers en van den Akker die niet zozeer de samenlevingsvorm van volwassenen als uitgangspunt nemen, maar het gezin. Hieronder verstaan zij elke leefvorm met kinderen[11]. Bij deze opmerking zou ik het echter willen laten[12].

Tenslotte wil ik nog iets zeggen over de burgerrechtelijke regel die zijn sanctie vindt in het strafrecht, dat aan het kerkelijk huwelijk een burgerlijk huwelijk dient vooraf te gaan. De minister van justitie heeft te kennen gegeven zich op deze regeling te bezinnen en wellicht in de toekomst het mogelijk te maken dat de volgorde andersom is, c.q. een keuzemogelijkheid. Op zichzelf lijkt deze gedachte sympathiek. Tegelijkertijd vraag ik mij af of de diverse kerken in staat zijn de dan ongetijfeld opkomende problemen in deze veel complexere samenleving het hoofd te bieden. Ik doel hierbij o.a. op vragen van huwelijksbevoegd etc.[13]

[11] Zie *Tijdschrift Het Gezin*, Den Haag, Nederlandse Gezinsraad, 1992, nr. 3-4.

[12] Zie verder het rapport Leefeenhedenbeleid NGR. Zie ook Pauwels, J.M., "De toekomst van het wettelijk huwelijk in België", in VAN MOURIK, e.a. (ed.), *o.c.*, 169-189.

[13] Hoefnagels, G.P., "Het huwelijk als relatie en als instituut", in VAN MOURIK, M.J.A. (ed.), *o.c.*, 26.